KB201169

기독교의 교파

그 형성과 분열의 역사

차례
Contents

프롤로그

기독교는 한 신을 경배하고 한 경전을 읽지만 다양한 공동체 혹은 교파로 이루어져 있다. 때로는 그 다양성의 범위를 보면 놀랄 수밖에 없다. 같은 기독교지만 서로 심각하게 달라서 상종하지 않는 경우도 있으며, 사소한 차이로 인하여 결코 서로를 인정하지 않는 경우도 얼마든지 있다. 역사 속에서 가장 잔인한 전쟁들에는 기독교인들 간의 전쟁이 빠지지 않으며, 이단들에 대해서는 가혹하리만치 용서가 없을 때가 많았다. 가만히 돌이켜보면 교회는 교회의 하나됨을 역설하고 강조한 만큼 오히려 더 분열해온 듯하다. 서로 다르다는 사실이 용납되지 않는 만큼 교회는 더욱 더 분열을 거듭할 수밖에 없었으리라. 이것은 역설적 사실이다. 하나됨의 문제 그 자체보다는 무엇으로의 하나됨인가의 문제가 더 심각하다. 그 '무엇'이 다를 때, 그리고 각자가 생각하는 그 '무엇'이 절대적이라고 생각할 때 서로의 갈등은 돌이킬 수 없게 된다. 종교적 갈등은 더욱 그러하다. 진리를 다루는 일에 양보나 관용 따위가 그다지 중요해 보이지 않기 때문인지도 모르겠다.

성경이라는 텍스트는 하나지만 그 텍스트의 해석과 이해는 사람에 따라, 지역과 문화에 따라, 그리고 시대에 따라 각각 다르다. 같은 기독교의 가르침이라도 유대인이 보는 관점과 헬라인들이 보는 관점이 다를 수밖에 없고, 또 그 가르침을 각자의 삶의 양태 안에서 적용하는 방식도 다르기 때문에 기독교는 시작부터 다양성을 타고났다. 인간 자체의 다양성과 그 인간이 살고 있는 문화적 환경의 다양성을 생각해 보면, 기독교의 다양성은 지극히 자연스러운 일인지도 모른다.

기독교가 왜 다양한가에 대한 대답을 하고자 하는 것이 이 글의 목적은 아니다. 이 글은 역사의 현장에서 이미 다양하게 전개된 기독교의 모습을 한눈에 볼 수 있게 펼친 것이다. 한 교파가 어떤 이유로, 또 어떤 과정을 거쳐서 생기게 되었는지 간단하게 살펴보고자 한다. 물론 지면 관계상 모든 공동체나 교파를 다 다룰 수는 없고, 여기서 다루어지지 않은 교파라 해서 그것이 덜 중요한 것은 아니다. 여기에 등장하는 공동체나 교파는 대략 역사적으로 나타난 순서대로 언급될 것이다.

사도행전에 나타난 교회의 시작과 이단의 출현

　교회의 시작은 누가의 사도행전에 잘 나타나 있다. 사도행 전 1장 8절은 사도행전 전체의 주제로 설정된 구절로 보인다. "예루살렘과 온 유대와 사마리아와 땅 끝까지 이르러 내 증인 이 되리라"는 그리스도의 명령에 따라 사도행전의 기자는 복 음이 예루살렘에서 시작하여 유대와 사마리아 지역으로 퍼져 나가고, 결국 로마의 전 제국으로 확산되어갈 것임을 암시한 다. 이 구절은 복음이 팔레스타인 지역에만 국한되어서는 안 될 것임을 기정사실화하고 있다.

　사도행전 2장 1절 이하의 오순절 성령강림의 사건은 새로 운 공동체의 탄생을 암시한다. 그 당시 '경건한 유대인들'이 세계 각국으로부터 와서 예루살렘에 거하고 있었는데, 그중

약 120명의 성도들이 한 자리에 모여 성령강림의 사건을 경험하면서 '교회'라는 새로운 형태의 공동체에 대한 비전을 가지기 시작하였다. 그 사건 이후 사도들은 예루살렘에서 본격적으로 예수의 부활을 전하는 사역을 시작하였고 '예루살렘 교회'라는 최초의 가시적 교회 공동체를 형성하였다. 사도행전 7장까지는 간단하게나마 예루살렘 교회의 모습을 그리고 있다. 사도들을 중심으로 새로운 기독교 공동체의 삶 가운데 여러 가지 모양의 표적들이 일어나면서 많은 유대인들의 관심을 끌게 되었고, 곧 유대인 지도자들과의 갈등이 표출되기 시작하였다. 7장에 나오는 스데반 집사의 순교는 예루살렘에서의 유대인들에 의한 박해의 시작이었고, 그것은 곧 교인들로 하여금 온 유대와 사마리아로 흩어지게 하는 결과를 초래하였다. 그들은 가는 곳마다 복음을 전하였고 교회는 이제 그들이 흩어져간 각 지역에서 세워졌다. 사도행전 9장에서 누가는 바울의 회심의 사건을 다루고, 10장에서는 베드로의 환상을 다룸으로써 이방인 선교를 서서히 예견하고 있다.

사도행전 12장에 등장하는 안디옥 교회는 이방 지역에 최초로 세워진 교회요, 이방 선교의 교두보가 되었다는 점에서 큰 의의가 있다. 13장은 바울과 바나바를 이방지역으로 파송하기 위하여 안수하여 세우는 장면으로 시작하여 바울의 1차 전도여행을 기록하고 있다. 15장의 예루살렘 회의는 이방인 교인들도 구약의 율법대로 할례를 받아야 한다는 일부 유대인 교인들의 주장으로 야기된 갈등을 해소하기 위하여 열렸다. 회의의 결과는 베드로와 야고보와 같은 사도들의 견해에 따라, 이방인들은 기독교인이 되는 데 있어서 유대인들에게처럼 동일한 율법의 올무를 지우지 않기로 하였다.

이 결정은 몇 가지 점에서 중요한 의미를 지닌다. 우선 그리스도의 부활과 성령의 강림으로 시작된 새로운 공동체는 분명히 구약의 이스라엘 공동체와는 구별된다는 점이다. 율법과 특정한 민족적 정체성에 근거한 이스라엘 공동체와는 달리, 교회 공동체는 민족의 범주를 뛰어넘은 그리스도의 은혜의 복음에 근거한 공동체라는 것이다. 분명히 새 공동체의 지도자들은 율법이 만인들에게 열린 그리스도의 은혜를 제한하지 못한다는 점을 깊이 인식하고 있었다. 예루살렘 회의의 결정은 또한 이방인들을 향한 선교에 새로운 전기를 마련하였다. 사도들의 권위 있는 결정은 혼란에 빠져 있었던 많은 사람들에게 분명한 선교적 좌표를 제시하였다. 여하튼 사도들의 회의가 필요했던 것은 새로운 공동체 안에서 서로 다른 견해들이 나오기 시작했다는 것을 의미한다. 그러나 이것은 단지 서곡에 불과하였다. 2세기로 들어가면서 교회 내의 다른 견해들은 보다 구체적이고 심각한 형태로 나타나기 시작한다.

에비온파

예루살렘 회의에서 주요 사도들 간에 합의된 의견이 도출된 것은 당면한 문제를 해결하는 효과가 분명히 있었다. 그러나 그들과는 다른 생각을 가진 자들이 없어진 것은 아니며, 그 회의의 결정을 따르는 주류에 대응하는 유대파 극단주의자들이 서서히 나타나기 시작하였다. '에비온파(Ebionites)'로 불리는 자들이 대표적으로 그런 자들이었다. 그들은 모세 율법의 전통을 기독교의 중요한 한 부분으로 인식하면서 할례, 안식일, 음식에 관한 율법을 여전히 고수하였다. 그들이 율법을 고수하고 동물의 희생 제사를 드리지 않고 엄격한 금욕주의적 특성을 가졌다는 면에서는 에세네파와의 연관성도 제기되고 있다. 또한 그들은 유일신 사상에 근거하여 여호와 하나님 이외의 어떤 존재에도 신의 지위를 부여하기를 꺼려하였고, 결국 그들 특유의 기독론인 양자론의 개념을 도입하였다. 이 논리는 기본적으로 예수를 인간으로 보며 그가 침례(세례)를 받은 직후 성령이 임할 때 하나님의 양자로 택정되었다고 이해한다. 이것은 그리스도의 신성에 심각한 타격을 가하는 것이었다. 에비온파는 구약과 신약의 연속성을 과도하게 강조하면서 생겨난 첫 이단 그룹으로 이해된다. 첫 번째 교인들이 원래 대부분 유대교 전통 안에 있었던 자들이었기 때문에, 유대교와 기독교 간의 관계 설정이 교회가 다루어야 했던 가장 초기의 문제였다는 것은 지극히 자연스러운 일이다. 이 그룹은 이방인 기독교인의 수가 상대적으로 많아지면서 자연히 소멸되었지만, 예수의 인성을 부각시켰다는 측면에서 기독교의 일각에 지속적으로 영향을 끼쳤다.

영지주의

초대교회가 겪어야 했던 또 하나의 주요 이단은 '영지주의 (Gnosticism)'였다. 이들은 에비온파와는 여러 면에서 대조적인 특징들을 보여주었다. 이들은 유대교 전통보다는 희랍 사상의 관점에서 기독교를 이해하려고 한 자들이었다. 그들은 영과 정신은 선하고 육과 물질은 악하다는 극단적 이원론에 근거하여 구약의 창조주 하나님을 물질을 만든 저급한 신으로 보았다. 그들은 구약과 신약의 단절성을 과도하게 강조하였고 그리스도의 인성에 타격을 줄 만큼 신성을 강조하였다. 선한 그리스도의 영이 악한 인간의 육을 입었다는 사실을 받아들이기를 꺼려하였기 때문에 그들이 설명하는 기독론은 가현설假現說로 이해된다. 그리스도가 입은 육신은 그렇게 보였을 뿐이지 실제로 인간의 육신을 입은 것이 아니라는 것이다. 그들은 육을 영의 감옥으로 이해하였기 때문에 영을 가두고 있는 육을 제어하고 영을 육으로부터 해방시키는 방법으로 과도한 금욕주의를 적용하였다. 또 그들은 구원에 이르게 하는 비밀한 지식을 추구하였으며, 예수는 그 지식을 매개하는 중재자로 생각하였다. 구원의 방법으로서 지식을 중시하는 것은 영지주의에 희랍철학의 영향이 감지되는 부분이다. 영지주의는 결코 통일된 운동이 아니었으며, 지역과 지도자들에 따라서 다양한 양상을 띠는 종교적 혼합주의의 특징을 다분히 보여주었다. 기독교 신학과 삶의 양태 안에는 항상 영지주의적 요소들이 완전히 배제되지 않았으며, 영과 육을 구별하는 금욕주의적 특징은 기독교인들의 삶의 방식에 광범위하게 영향을 끼쳤다.

마르키온파

2세기의 마르키온파(Marcionists)와 몬타누스파도 자기들의 독립적인 교회를 설립한 좋은 예이다. 전자는 영지주의로부터 많은 영향을 받은 마르키온이라는 본도 출신의 부유한 선박 소유주로부터 기원한다. 로마에서 그는 특유의 가르침으로 추종자들을 얻기 시작하여 상당한 성공을 거두었고, 이는 곧 로마교회에 위협이 되었다. 여러 초대교부들이 마르키온의 이단적인 가르침을 위험하게 보고 그를 논박하는 글들을 상당히 많이 남긴 것으로 보아 그는 당대에 상당한 주목을 받았음이 분명하다. 그의 주요 사상은 대체로 터툴리안이 그를 논박하기 위하여 쓴 저작을 통하여 알려져 왔다. 구약을 배격하는 면에서 그는 영지주의자들과 비슷한 맥락에 있었다. 구약에 나타난 하나님은 율법의 하나님이며 신약에 나타난 사랑의 하나님과는 아무런 공통점이 없다고 주장하면서 구약성경을 총체적으로 부정하였다. 그는 구약의 신을 불완전한 신으로 규정하고 진정한 하나님은 신약성경에 나타난 사랑과 은혜의 하나님이며 사도 바울에 의하여 가장 잘 설명되었다고 보았다. 그는 편집된 누가복음서와 목회서신을 제외한 10개의 바울서신들을 정경으로 인정하면서 기존 교회가 신약성경의 정경화 작업을 하도록 원인을 제공하기도 하였다. 그의 교회는 결국 소수파로 남게 되었지만 대략 5세기까지 존속하였다고 알려진다.

몬타누스파

몬타누스주의는 급진적인 성령주의와 그리스도의 임박한 종말을 강조하는 2세기 후반기에 나타난 새로운 운동이었다. 그 운동은 프리지아의 몬타누스와 '성령의 입' 역할을 하였던 두 여인 프리스킬라와 막시밀라를 중심으로 기존교회의 형식주의와 도덕적 나태에 대하여 비판하면서 성령의 직접적인 계시와 엄격한 윤리, 금욕주의를 표방하였다. 이들은 기존 교회에 의하여 이단으로 정죄되었지만, 그들의 근본적 차이는 교리적인 것에 있었다기보다는 신앙생활의 방식에 있었다고 하는 것이 더 정확할 것이다. 2세기 후반에 이르러 교회는 그리스도의 임박한 재림에 대한 기대의 감소로 초대교회의 다이내믹한 신앙생활의 방식이 점점 변질되어 세상과 구별된 삶을 살지 못하게 되었다는 것이 그들의 판단이었다.

사실 몬타누스주의자(Montanists)들을 다른 이단들과 동격으로 보는 것은 타당하지 않다. 이들 무리에 '서방신학의 아버지'라고 일컬어지는 터툴리안이 가담한 것을 보더라도 그들의 신학적 건전성은 어느 정도 인정이 되어야 할 것이다. 엄격한 기독교 윤리를 강조하고 교회의 순수성을 중시하였던 그들은 나중에 북아프리카 지역에서 많은 동조자들을 얻었으며, 4세기 이후로는 그들 중 많은 사람들이 도나투스 교회에 가입하였다. 몬타누스주의에서 도나투스주의에 이르는 북아프리카 교회의 전통은 이런 과정에서 그 독특함을 드러내었다. 로마 교회를 중심으로 하는 주류 교회 전통에 비하여 훨씬 엄격한 기독교인의 삶을 요구하였고 종말론에 입각한 초대교회의 순수성을 지키려는 노력이 다분히 있었다. 박해를 순순히 받아들였으며 순교는 그들 가운데 최고의 미덕이 되었다.

기독교의 복음이 서로 다른 문화권에서 각기 다른 사상적 관점으로 이해되고 설명되면서 다양한 신학과 신앙의 개념들이 생기게 되었음을 부인할 수 없다. 초기부터 교회에는 이러한 점에서 다양한 무리들을 양산할 만한 조짐들이 나타나기 시작하였다. 위에서 언급된 교회 내의 이단들은 가장 초기에 일어난 교회 분열의 모습을 보여준다. 이러한 이단들의 활발한 활동은 기존 교회에게 경각심을 일깨웠으며, 신앙의 정통성과 교회의 정통성을 세우는 원인을 제공하였다. 사도계승주의의 개념이 발전하기 시작한 것과 신약성경의 정경화, 그리고 사도신경의 채택은 그 좋은 예이다. 이러한 작업들은 갑자기 이루어진 것이 아니라 오랜 기간 동안 서서히 이루어졌으며, 신앙의 내용을 일정한 틀 혹은 형식으로 규정하여 모든 사람의 신앙을 통일하려는 경향이 있었다. 이러한 현상은 일치된 교리를 형성하여 교회를 이단으로부터 지키고 교회의 통일성을 이루는 데 기여한 일면, 정통 신앙의 개념이 가시화되어 가면서 교회는 점점 제도화되는 경향을 보여주었다.

박해와 신학적 논쟁이 빚은 초기 교회의 분열

박해와 교회의 분열: 노바티안파와 도나투스파

　기독교 교회의 가장 초기에 나타난 이단들이 신학적·신앙적 차이로 야기된 분열이었다면, 이후에는 박해의 결과로 교회의 분열이 이루어지기도 하였다. 박해로 인한 교회의 분열은 주로 서방교회에서 나타났다.

　그 대표적인 경우가 노바티안교회와 도나투스교회가 분열해 나간 일이다. 전자의 사건은 데키우스 황제 때에 박해로 인하여 배교한 자들 가운데 박해 후에 교회로 다시 돌아오기를 희망하는 이들을 교회가 어떻게 처리할 것인가 하는 문제와 관련하여 일어났다. 갈등은 이 문제를 두고 온건론과 강경론의 대립에서 연유되었다. 온건론자들은 배교행위에 대한 단순한 회개로 족하였지만, 강경론자들은 그 이상의 대가를 요구하였다. 카르타고에서는 이 문제를 해결하기 위하여 지역 종교회의를 열어야 했다.

유사한 일이 로마에서도 일어났다. 당시 로마교회의 장로였던 노바티안은 강경론자의 입장에서 새로 로마의 감독으로 임명된 코넬리우스가 배교자들에 대하여 온건한 입장을 취한 것을 문제 삼았다. 그의 지지자들은 코넬리우스의 감독으로서의 정통성에 대하여 의문을 제기했고, 독자적으로 노바티안을 로마 감독으로 임명했다. 결국 노바티안교회는 기존 교회에 의해 축출되었고, 그들도 기존 교회를 타락한 교회로 규정하고 자기들만의 독립된 교회를 형성했다. 이들 교회는 5세기 이후까지 존속했다. 배교자의 교회 복귀를 둘러싼 논쟁은 서방교회의 교권 다툼과 교회 분열의 전형적인 이유가 되었다.

4세기 초의 디오클레티안 황제의 박해는 또 하나의 교회분열의 계기가 되었다. 이때의 박해는 교회의 재산을 몰수하고 기독교 문서를 압수하여 폐기하는 것을 골자로 하였다. 박해 후의 논쟁의 요지는 박해 시에 기독교 문서를 폐기하도록 내어준 성직자들의 정통성에 관한 것이었다. 노바티안 논쟁 때와 마찬가지로 이 문제에 대하여 강경론을 취한 자들과 온건론을 취한 자들 간에 첨예한 대립이 있었으며, 이 논쟁은 특히 북아프리카에서 강하게 일어났다. 마요리누스를 비롯한 강경파들은 최근에 사망한 카르타고 교회의 감독 후임자로 선출된

카실리안의 정통성에 관하여 문제를 제기했다. 카실리안에게 감독 서품식을 거행해 준 세 명의 지역 감독들 중 박해 때 기독교 문서를 내어준 자가 있었고, 그런 자에 의해 수행된 성직 수임은 무효화되어야 한다고 주장하였던 것이다. 그들은 그 대안으로 마요리누스를 카르타고의 감독으로 선출했다. 그러나 마요리누스는 그 일 직후 사망했고 도나투스가 그 뒤를 이었다. 그는 곧 그들 그룹의 중심인물이 되었고 도나투스주의 혹은 도나투스 교회라는 명칭은 그의 이름에서 비롯되었다. 도나투스파는 결국 기존교회의 총체적 타락을 주장하고 교회의 순결성을 강조하면서 교회의 분리를 택했고, 그들의 교회로 입교할 자들에게 재침례(세례)를 요구하였다. 기존교회는 이들을 교회분리주의자로 정죄하였고, 콘스탄티누스의 제국은 공권력으로 그들을 누르기 시작하였다. 도나투스교회는 북아프리카를 중심으로 상당한 규모의 무리를 형성하였고 7세기까지 존속하였다. 도나투스 논쟁은 교회의 정체성에 관한 논쟁이었으며 상당 기간 동안 지속되었다. 5세기 초에 히포의 아우구스티누스와 도나투스주의자들 간의 논쟁은 유명하며, 이때의 논쟁 과정에서 정립된 아우구스티누스의 성례전론과 교회론은 중세 로마가톨릭교회에 광범위한 영향을 끼쳤다.

신학적 논쟁과 교회의 분열: 네스토리우스파와 단성론자들

서방교회가 윤리적 논쟁으로 인하여 분열했다면, 동방교회는 신학적 논쟁 끝에 교회의 분열을 경험하였다. 서방교회는 터툴리안 이후 삼위일체론과 기독론에 대하여 대체로 이견이 없었다. 325년의 니케아 공의회를 필두로 하여 일어났던 삼위일체 논쟁과 기독론 논쟁은 주로 동방교회의 관심사였다.

삼위일체 논쟁은 니케아 공의회에서 제1차 콘스탄티노플 공의회(381)에 이르기까지 니케아 신조로 정리되었지만 결코 교회의 분열을 막지는 못했다. 그 기간 동안 펼쳐졌던 니케아파와 아리우스파 간의 논쟁은 정치적 파고에 따라 부침을 거듭하는 등 더 이상 순수한 신학적 논쟁으로 남아 있지 못하였다. 니케아 신조와 성자 하나님의 완전한 신성에 동의하지 못했던 아리우스파 기독교인들은 결국 제국의 경계 밖으로 밀려나면서 자연스럽게 게르만족들 가운데서 기독교를 전파하였다. 나중에 로마를 침공한 게르만족들 가운데는 아리우스파 기독교인들이 섞여서 다시 제국 안으로 들어왔으며, 그로 인해 때늦은 신학적 논쟁이 재개되기도 하였다. 그러나 대부분의 게르만족들이 로마가톨릭교회로 흡수되면서 아리우스 기독교는 기독교의 본류에서 점점 사라져갔다.

동방교회의 또 다른 분열들은 기독론 논쟁에 의하여 야기되었다. 기독론 논쟁의 주 논점은 그리스도의 신성과 인성이 어떻게 결합되었는지에 관한 알렉산드리아 학파와 안디옥 학파의 이견에서 비롯되었다. 전자는 그리스도의 인성과 신성이 구별되지 않을 정도로 혼합되어 있다고 주장하였고, 후자는 두 본성이 뚜렷하게 구별된다고 주장하였다. 전자는 그리스도

안에 인간의 영이 없거나 있다 하더라도 그리스도의 영에 의하여 압도된 상태에 있다고 이해하였으며, 후자는 그리스도 안에 분명히 구별된 인간의 영이 있다고 이해하였다. 알렉산드리아의 기독론은 결국 그리스도의 신성과 인성의 결합을 로고스와 인간의 육체의 결합으로 이해한 것이었으며, 안디옥의 기독론은 로고스와 인간의 영과 육체 모두와의 결합으로 이해한 것이었다. 이러한 시각의 차이는 그리스도의 본성에 관하여 단성론과 양성론의 차이로 발전되었다. 제1차 콘스탄티노플 공의회에서는 알렉산드리아의 기독론을 주장하였던 아폴리나리스가 정죄되면서 양성론이 정통으로 인정되었으며 이 결정은 앞으로 있을 공의회의 시금석이 되었다. 특히 카파도키아 교부들의 신학적 노력이 초기의 기독론 논쟁에 많은 영향을 끼쳤다. 그리고 터툴리안 이후 서방교회의 일관된 양성론적 기독론의 전통은 동방에서 열린 공의회에 직간접적으로 영향을 끼쳤다.

431년의 에베소 공의회는 당시의 콘스탄티노플의 감독이며 안디옥 출신이었던 네스토리우스의 양성론적 기독론이 오히려 문제가 되었다. 문제를 삼은 측은 당시 알렉산드리아의 감독이자 탁월한 신학자였던 키릴이었는데, 그는 네스토리우스가 마리아를 '하나님의 잉태자'라는 당시의 일반적 표현을 뒤엎고 '그리스도의 잉태자'로 표현한 것을 문제 삼았다. 네스토리우스는 '하나님의 잉태자'라는 말이 자칫하면 기독론을 단성론적으로 몰고 갈 위험이 있다고 보았다.

그러나 당시 상황에서 네스토리우스가 마리아의 호칭을 변경한 것은 신학적으로 지지를 받기 어려웠다. 거기에다 키릴은 뛰어난 정치적 수완으로 로마의 감독을 자신의 정치적 우군으로 끌어들일 수 있었으며 우여곡절 끝에 결국 네스토리우스를 정죄하고 파문하는 데 성공하였다. 이 과정에서 키릴은 정치적 승리를 위하여 신학적으로는 알렉산드리아의 단성론적 기독론을 포기하고 양성론에다 '두 본성의 교류'라는 개념을 추가하는 것으로 만족해야 했다. 네스토리우스의 양성론적 기독론은 두 본성의 구별을 너무 과도하게 강조한 나머지 그리스도의 한 위격이 두 위격으로 이해될 수 있는 위험이 있다고 여겨졌다. 그의 신학적 과격성은 온건한 안디옥 학파의 신학자들도 섣불리 받아들이지 않았다. 그는 나중에 자신의 기독론이 칼케돈 공의회에서 결정된 내용과 다를 바 없었다고 주장하였지만, 그와 소위 네스토리우스파에 대한 정죄는 끝내 풀리지 않았다. 그들은 결국 그들의 독립된 교회를 세우게 되었고 주로 페르시아의 기독교인들 가운데서 많은 지지자들을 얻었으며 아라비아, 인디아, 심지어는 중국에까지 교세를 확장하였다. 물론 그러한 상태가 영속적이지는 못했다. 그들이 속하였던 지역에서의 정치적 어려움으로 그들의 교세는 격감하였으며, 지금은 소수의 무리들이 흩어져 있을 뿐이다.[1]

알렉산드리아의 기독론을 지지하는 자들의 노력도 끝나지 않았다. 키릴의 후계자인 디오스코로스는 노골적인 정치적 술수로 또다시 알렉산드리아의 기독론을 관철시키고자 하였으나 로마의 감독 레오 1세의 적극적 개입으로 실패하고 말았다. 칼케돈 공의회(451)는 '신앙의 정의'를 내려서 네스토리우스적인 두 본성의 지나친 구별을 경계하는 한편, 단성론에 대하여도 다시 쐐기를 박음으로써 논쟁의 종결을 기하려 하였다. 그러나 이 논쟁은 끝나지 않았으며 단성론자들은 그들의 신학적 견지를 결코 포기하지 않았다.

그 이후 제2차·제3차 콘스탄티노플 공의회에서도 그들의 신학은 정통으로 받아들여지지 못했으며, 그들 역시 독립된 교회를 세우기 시작했다. 그들 교회는 주로 시리아와 이집트를 중심으로 세워졌고, 비잔틴제국의 황제들이 그들을 정치적으로 결코 무시하지 못했을 정도였다. 소위 '삼장' 논쟁과 성화상 논쟁 때에 황제들이 정치적인 이유로 그들의 신학적 견지를 일방적으로 무시할 수 없었던 것은 그 반증이라 할 수 있다. 비잔틴제국 바깥에서는 아르메니아와 에티오피아의 기독교가 단성론의 교회였다. 아랍이 이들 지역을 정복한 이후에도 이들 교회는 지금까지도 존속하고 있고, 20세기 후반에 들어와서는 이들 교회와 로마가톨릭교회 간의 화해의 시도들이 있었다. 1973년에 교황 바오로 6세와 콥트 정교회의 총대주교 쉐누다 3세 간에 기독론에 대한 공동 선언이 있었고, 1984년에는 요한 바오로 2세와 시리아 정교회의 총대주교 이그나티우스 자카 2세 간에 유사한 선언문이 채택되었다.[2] 동방 혹은 희랍 정교회는 이미 오래 전부터 동방의 단일 교회가 아니었다. 서방 교회도 로마가톨릭교회에서 이탈한 군소 교회들이 있었지만,

후에 점차적으로 가톨릭교회로 편입된 데 비하면 동방교회의 분열은 보다 더 심각하고 영속적인 것이었다.

현대에 이르기까지 동방의 교회들이 주목을 받지 못한 이유로 크게 두 가지를 들 수 있을 것이다. 첫째는 로마가톨릭교회의 괄목할 만한 성장이었다. 우선 8세기 이후 유럽에 프랑크 왕국을 중심으로 새로운 정치적 재편이 이루어진 상황에서 로마가톨릭교회는 그러한 정치적 상황에 편승하여 오랫동안 서구유럽의 단일교회로서의 위치를 확고히 할 수 있었으며, 15세기 이후로는 유럽의 국가들에 의하여 활발하게 이루어진 새로운 지역에 대한 제국주의적 식민지 정책에 편승하여 범세계적으로 교세를 확장할 수 있었다. 가톨릭교회의 활발한 발전은 동방교회에 대한 관심을 상대적으로 축소시켰을 것이다. 동방교회가 속한 지역이 정치적으로 쇠퇴의 길을 걸었다는 것도 서구유럽의 상황과 대조를 이루는 일이다. 두 번째는 소위 개신교의 등장을 가능하게 하였던 16세기의 종교개혁이 로마가톨릭에 대항하여 나왔다는 사실이다. 20세기에 이르기까지 전 세계적으로 괄목할 만한 성장을 이룬 개신교는 시작에서부터 그들 역사의 많은 부분을 가톨릭교회와 공유하고 있었다. 이러한 점은 동방교회가 16세기 이후 전개되는 개신교의 역사에서 소외될 수밖에 없었음을 말해준다.

로마가톨릭교회와 동방정교회의 분열

교회의 대분열(Great Schism)

　로마가톨릭교회가 언제부터 시작되었는가 하는 질문에 대답하는 것은 쉽지 않다. 이 질문은 서로마제국에서 로마가톨릭교회가 서서히 형성되어갈 무렵 동시대에 존재하고 있었던 동방교회와의 관계를 어떻게 설명할 것인가 하는 문제와도 관련이 있다. 즉, 이 질문은 이 두 교회가 언제부터 서로 독립된 길을 가기 시작하였는지 설명하는 것과 마찬가지로 어려운 것이다. 사실 두 교회가 공식적으로 분열된 것은 1054년의 일이다. 만약에 동방교회와의 관계에서 본다면 로마가톨릭교회의 시작을 1054년이라고 말해야 할지도 모른다. 그러나 1054년의 분열 사건이 요식적인 것이었다는 것은 주지의 사실이다. 두 교회는 이미 훨씬 전부터 오랜 시간에 걸쳐서 서서히 독자적인 길을 가고 있었다. 여기서 우리는 로마가톨릭교회에 관하여 말하기 전에, 서방교회와 동방교회의 분열의 역사를 간단하게나마 알아보아야 할 것이다.

우선 동방교회와 서방교회의 분열은 문화적·사상적 차이에서 이해되어야 한다. 비록 로마제국에 의하여 희랍문화를 창출하였던 지역과 라틴문화를 발전시켰던 지역이 한 제국으로 통일되었지만, 문화와 사상의 차이는 단순히 영토의 통일만으로 극복될 수 없는 일이다. 로마제국 내에서 두 지역 간의 문화적·사상적 차이는 각 지역에서 발전하였던 기독교 교회들 간의 차이와 밀접하게 연관이 되었다. 희랍문화의 특성은 동방교회의 교회적·신학적 특성으로 나타났으며, 라틴문화의 특성은 서방교회의 특성을 형성하는 데에 깊은 영향을 끼쳤다. 예를 들면 희랍문화의 사변적 특징은 동방교회가 서방교회에 비하여 신학적으로 더 깊은 관심을 가졌다는 사실과 밀접한 관련이 있을 것이다. 그들의 신학적 관심은 수백 년에 걸쳐서 꾸준히 삼위일체론이나 기독론과 같은 신학적 논의를 전개한 데서 잘 나타났다. 이에 비하여 서방교회는 라틴문화의 현실적이고 실질적인 사고방식에 따라 신학보다는 교회의 윤리적인 문제에 더 많은 관심을 가졌다. 박해 후에 발생한 성직자들의 윤리적인 논쟁으로 인하여 교회가 분리되는 경우는 서방교회에서 나타난 것이 그 좋은 예가 될 것이다. 교회의 '교인의 윤리적 삶'에 대한 깊은 관심은 일찍부터 서방교회에서 고해성사를 발전시키는 원동력이 되었다. 동서방의 수도원 운동의 발전이 각 지역의 문화적 경향에 의하여 다르게 나타난 것도 주지의 사실이다. 교회의 삶의 방식이 그 교회가 처하고 있는 문화적 배경에 의하여 영향을 받는 것은 대체로 일반적인 사실이 되었다. 문화적 차이에 의한 동서교회의 차이는 신학과 교회의 제도 및 관습, 그리고 가치관에 이르기까지 광범위하게 나타났다고 말할 수 있으며 이는 동서교회가 다른 길을 가는 근본적인 원인을 제공하였다.

동서방의 교회가 노골적으로 대립하게 된 직접적인 신학적 차이로는 여러 가지가 있지만 그중 8세기에서 9세기에 걸쳐 일어났던 성화상 논쟁은 대표적인 경우이다. 이 논쟁은 726년에 비잔틴의 황제 레오 3세가 성화상 파기 칙령을 발표하면서 시작되었다. 황제의 성화상 파기의 목적은 다분히 정치적인 계산에 의한 것이었다. 주로 제국의 동쪽에 있었던 단성론자들, 바울파, 유대교도들, 그리고 심지어는 이슬람교도들까지도 비잔틴제국 내에 성화상의 관습을 반대하는 정서를 형성하였으며, 황제는 정치적으로 그들을 포용할 필요를 느끼고 있었고 특히 성화상의 관습이 유대교도들과 이슬람교도들의 기독교에로의 개종을 막고 있다고 생각하였다. 황제의 칙령은 단호하였고 이를 반대하던 콘스탄티노플의 총대주교였던 게르마니우스는 폐위되었으며 많은 성화상 찬성론자들이 박해를 받게 되었다. 이에 대하여 로마의 교황 그레고리 3세는 두 차례에 걸쳐 공의회를 소집하고 성화상 파기론자들을 정죄하였다. 그러나 콘스탄티누스 5세는 753년 히에리아 공의회에서 모든 성화상의 파기를 재차 선언하였다. 많은 교회 성직자들은 이 선언을 수용하였지만 수도사들은 대체로 격렬하게 반대하였으며 그들 가운데 많은 이들이 순교를 당하였다. 상황의 반전은 레오 4세의 아내 이레네가 어린 황제를 섭정하면서 성화상 파기정책을 철회하면서 시작되었다. 결국 로마 교황의 협력하에 787년 니케아에서 공의회를 소집하여 히에리아 공의회의 결정을 무효화하였다. 그러나 이 논쟁은 여기서 끝나지 않았다. 9세기에 들어서면서 국면은 다시 역전되었다. 814년 제위에 오른 레오 5세는 다시 성화상 파기정책을 실시하였고, 이것은 이후의 황제 테오필루스 때까지(842) 지속되었다. 성화상 논쟁은 동방 제국의 황제와 서방 교황과의 갈등을 표출하였고, 동서교회의 분열을 가속화하는 결과를 가져왔다.

동서교회의 분열을 심각하게 조장한 또 하나의 논쟁은 9세기 후반부에 있었던 '포티우스 논쟁'이었다. 문제의 발단은 비잔틴의 황제 미카엘 3세가 당시 콘스탄티노플의 총대주교였던 이그나티우스를 퇴진시키고, 포티우스라는 평신도를 그 자리에 세운 데서 시작되었다. 이그나티우스는 자신의 폐위가 적법하지 않다고 주장하며 서방의 교황 니콜라스 1세에게 지지를 호소하였고, 동시에 황제와 포티우스도 교황에게 공의회를 열어서 이그나티우스의 폐위를 공식적으로 선언해 줄 것을 요청하였다. 교황의 사절단은 861년 공의회에서 황제의 요청대로 이그나티우스의 폐위를 승인하였으나, 이후 교황 니콜라스는 황제에게 편지를 통하여 자신의 사절단이 자신의 의도와는 반대로 결정하였음을 알리고 863년 로마에서 다시 공의회를 열어서 861년의 결정을 무효화시켰다. 그리고 여전히 이그나티우스가 적법한 콘스탄티노플의 총대주교임을 선언하였다. 이에 대하여 포티우스는 한동안 이 문제에 대하여 침묵하고 있다가 867년 돌연히 공의회를 열어 크게 두 가지 문제를 제기하면서 교황 니콜라스를 파문하였다. 첫째는 새로 개종한 불가리아 지역에 로마의 교황이 감독들을 파견한 데 대하여 불만을 제기한 것이었고, 둘째는 서방교회가 니케아 신조에 '필리오쿠에filioque'라는 말을 추가하여 사용하는 데 대하여 문제를 제기한 것이었다. 서방교회에서는 '그리고 아들로부터'라는 뜻의 '필리오쿠에'라는 말을 성령이 성부로부터 나왔다는 말에 추가하여 사용하여왔다. 이것은 동방교회의 입장에서는 성부와 성자의 구별을 모호하게 하는 것이며, 이미 결정된 신조를 변질시키는 것으로 받아들여졌다. 이 사건은 미카엘 황제를 살해하고 등극한 바질 황제가 이그나티우스를 다시 총대주교로 임명하면서 일단락되었지만, 두 도시의 교회가 교권의 우위성을 놓고 오랫동안 빚어온 갈등을 표출한 사건이었으며, 동서교회 사이의 감정의 골을 깊게 한 사건이었다.

동서교회의 분열에 있어서 또 하나의 중요한 요소는 서로마제국이 패망한 이후 로마교회가 의지할 수 있는 새로운 정치적 세력이 서유럽에 형성되었다는 데 있다. 더 이상 서로마제국의 황제가 존재하지 않았던 476년 이후 로마의 갈리아 지방(지금의 프랑스 지역)에 진입한 프랑크족이 클로비스 왕을 중심으로 새로운 왕권을 수립한 것과 그 왕권이 로마가톨릭으로 개종한 것은, 그 이후의 유럽과 교회의 역사에 획기적인 전환점이 되었다. 8세기에 이르러 프랑크 왕국 내에서 정치적 변동 끝에 메로빙거 왕조가 쇠퇴하고 카롤링거 왕조가 수립되면서 교황과 프랑크 왕국 간의 새로운 관계가 형성되었다. 특히 800년경 교황 레오 3세가 프랑크 왕 샤를마뉴에게 신성로마제국 황제의 관을 씌운 일은 서방교회에 있어서 새로운 콘스탄티누스적 사건이었다. 이 사건은 한편으로는 제국 내에서 교회의 권한을 확대하는 계기가 되었지만, 다른 한편으로는 황제가 성직자의 임명권을 행사하기 시작하면서 교회 위에 군림하게 된 원인이 되었다. 이 사건은 무엇보다도 로마의 교황이 정치적으로 비잔틴제국의 황제로부터 독립하는 계기를 만들었다는 점에서 획기적인 일이었다. 이것은 동서교회의 분열이 현실화될 수 있는 정치적 여건을 제공한 셈이 되었다.

동서교회의 실질적 분열이 결정적으로 이루어진 것은 11세기 중엽이었다. 독일의 하인리히 3세에 의하여 임명된 교황 레오 9세는 11세기 교황개혁운동을 주도하였던 중요한 인물로 평가된다. 그는 유럽의 각 지역을 다니면서 종교회의를 주최하고, 개혁적인 인사들을 측근으로 포진하는 등 교회개혁을 위하여 대단한 노력을 기울였던 자였다. 그가 교황권 신장의 일환으로 남이탈리아를 점령하고 있었던 노르만족을 상대로 전쟁을 일으킨 것이 문제의 발단이 되었다. 그 지역에는 6세기 유스티니아누스 황제의 정복 이후로 희랍교구가 있었기 때문에 레오 9세의 그 지역에 대한 관심은 곧 콘스탄티노플의 총대주교였던 케룰라리우스의 심기를 불편하게 만들었고, 케룰라리우스는 자신의 불편한 감정을 몇 가지 신학적·제도적 이유를 들어서 콘스탄티노플에 있는 라틴교회를 폐쇄하는 것으로 표현하였다. 그 이유들이란 서방교회의 '필리오쿠에'의 사용, 성만찬 때에 무교병 사용, 토요일 금식제도, 성직자 독신주의 등이었다. 이 문제를 해결하기 위하여 레오 9세는 훔베르트를 대표로 하는 교황 사절단을 콘스탄티노플에 파견하였다. 훔베르트는 급하고 강한 성격의 소유자였으며 외교적 노력에는 소극적이었다. 그는 결국 성 소피아 성당의 제단 위에 케룰라리우스를 정죄하는 파문장을 던지고 그 도시를 떠나버렸고, 케룰라리우스는 반대급부로 그 일행들을 파문함으로써 동서교회의 결별을 공식화하였다.

그 이후로 여러 차례에 걸쳐 양 교회의 통합이 시도되었지만 실패하였다. 11세기 말에 시작된 십자군전쟁도 동서교회의 통합에 대한 기대를 갖고 시작되었지만, 결과적으로는 오히려 동서교회의 불신의 골을 더 깊게 하였다. 특히 제4차 십자군전쟁에 동원된 군대가 방향을 선회하여 콘스탄티노플을 점령하고, 그곳에 라틴제국을 세운 사건은 그 대표적인 예이다. 이후의 동서의 관계는 깊은 상호불신으로 치닫게 되었다. 1965년에 교황 바오로 6세와 아테나고라스 총대주교가 1054년의 파문장을 동시에 무효화하였지만 때늦은 일이었다. 정교회의 역사가들은 1054년 동서교회의 공식적 결별 사건은 정교회가 서구의 역사에서 소외되는 계기를 만들게 되었으며, 이로 인해 서방 기독교가 그 역사 속에서 영적·신학적 균형을 상실하게 된 근본적인 이유로 생각하고 있다.[3]

로마가톨릭교회

로마가톨릭교회는 이미 초기 서방교회의 전통에 입각하여 독자적인 교회의 전통을 발전시켜왔기 때문에, 그 시작을 11세기로 보는 것은 많은 무리가 있다. 1054년의 분열이 실질적으로 로마교회에 있어서 그 의미가 새삼스럽게 심각했다고 볼 수도 없다. 그렇다고 그 시작의 시기를 정확하게 말하는 것도 쉬운 일이 아니다. 물론 가톨릭교회의 입장에서는 그들의 교회가 그리스도의 직계 제자였던 사도들로부터 시작되었다고 말할 수 있겠지만, 개신교의 입장에서는 교회가 시작된 이후 대략 첫 300년은 기독교에 속한 모든 공동체가 공유했던 기간으로 본다. 16세기 종교개혁가들 중 많은 이들이 로마가톨릭교회를 비판하면서 교회가 첫 300년 때의 교회로 회복되어야 한다고 주장한 이유는, 대략 서기 300년을 기준으로 그 이전과 이후의 교회가 달랐다는 것을 시사하고 있다. 여기서는 로마가톨릭교회의 교리적·제도적 특성이 본격적으로 자리를 잡기 시작한 때를 국가교회가 시작된 이후부터라고 전제한다.

기독교 역사에 있어서 가장 급격한 변화가 있었던 사건을 꼽으라고 한다면, 그것은 콘스탄티누스 황제 때 기독교가 로마제국의 종교로 공인된 사건일 것이다. 그 사건을 기준으로 그 이전의 기독교와 그 이후의 기독교는 결코 같지 않았다. 항시 박해의 대상이었던 종교가 하루아침에 제국의 편애와 갖가지 혜택을 누리게 되었다는 사실 외에도 그 사건이 기독교의 총체적인 모습에 끼친 영향은 아무리 크다고 해도 지나치지 않을 정도이다. 그 사건을 기점으로 교회는 원했든 원하지 않았든 제국과의 공생관계에 놓이게 되었다. 이것은 교회사가 유세비우스에게는 '교회재건'의 사건이었겠지만, 명백하게 국가교회의 시작을 알리는 신호탄이었다. 세속 황제에게 있어서 교회는 종교적인 의미를 넘어서 정치적인 의미를 가지게 되었으며, 교회의 문제는 곧 제국의 문제로 인식되기 시작하였다.

그 좋은 예는 첫 번째 대공회의에서 잘 나타났다. 아리우스 논쟁으로 야기된 니케아 공의회는 여러 가지 면에서 앞으로 있을 공의회의 기본적 성격을 부여하였다. 교회의 분열 상황은 곧 제국의 분열로 여겨졌다. 이리하여 첫 대공회의는 황제가 친히 소집하고 비용을 부담하였으며 그 결정과정에서도 중대한 영향력을 행사하였고, 일단 채택된 공의회의 결정은 황제의 공권력에 의하여 강요되었다. 물론 가톨릭교회의 전통은 여러 가지 면에서 그 이전의 신앙적·신학적 유산에 근거를 두고 있지만, 그것이 국가교회의 상황에서 발전되어가면서 가톨릭교회 고유의 특징들이 모양지워졌다. 로마의 감독이 교황이라는 직위로 발전되어가는 과정에서도 그 직위에 점점 정치적 성격이 부여되었던 것은 그 좋은 예이다.

4세기 초의 교회가 로마제국이라는 국가에 접목된 사건은 어떻게 보면 그 사건이 주는 의미에 대하여 제대로 생각할 겨를도 없이 얼떨결에 일어났다. 교회로서는 더 이상 박해를 받지 않아도 된다는 안도감이 있었을 것이고, 또 제국이 베푸는 각종 은전이 하나님의 축복으로 이해되면서 자연스럽게 그 사건의 긍정적인 면만 부각이 되었을 법하다. 그러한 가운데 세속문화의 독소들, 비기독교적이거나 반기독교적인 해악들이 기독교의 정신과 가치관, 나아가서는 교회의 삶의 방식을 변질시킬 위험에 대해서는 필요보다 훨씬 덜 고려되었던 것으로 보인다. 성급한 사람들은 하나님의 나라가 지상에 도래한 것으로 이해하였다. 제국의 교회는 많은 점에서 이전의 교회와 달라지기 시작하였다. 교회는 신학의 교조화, 예배의 형식화 및 복잡화, 공식신학의 등장 및 신앙의 강제화 등에 쉽게 동조하였고 급격한 세속화의 길을 가게 되었다. 지역교회는 제국의 행정구역에 따라 설립·제도화되기 시작하였고 교회 직위는 세속관료의 본에 따라 계급화되기 시작하였다. 또 교회 내에 이교도들의 종교적 행습들과 개념들이 기독교의 사고방식과 생활방식에 광범위하게 영향을 주기 시작하였다. 이러한 변화들은 교회의 정체성에 대하여 심각한 혼란을 초래하였다. 이러한 모든 변화를 전제로 하면서 로마가톨릭교회는 서서히 그 모습을 만들어가기 시작하였다.

로마가톨릭교회의 정당성을 주장하는 데 있어서 가장 중요하고 근본적인 전통은 '사도계승주의'일 것이다. 초기의 기독교가 이단적인 가르침으로부터 올바른 가르침을 구별하고 세우는 일을 위하여 부단히 노력해 왔던 것은 주지의 사실이다. 사도계승주의는 많은 이단들 가운데서 기독교의 가르침과 교회의 정통성을 지키는 차원에서 확립된 개념이었다. 그것은 교회의 정통적 가르침이 사도들의 가르침을 이어온 감독들에 의하여 역사적으로 끊이지 않고 계승되어왔으며, 이러한 감독들의 가르침 혹은 그들이 있는 교회가 정통에 서 있다는 개념이다. 교회가 사도적 계통에 있지 않으면 정통에서 벗어난 것으로 이해되었다. 이 생각은 교회의 전통과 감독의 중요성과 교회의 제도화를 촉진시키는 중요한 요인이 되었다.

교회의 전통은 성경 이외에 교회가 공식적으로 진리라고 확인한 모든 것을 포함한다. 교회가 성경의 유일한 합법적 소유자인 동시에 해석의 주체가 되기 때문에 교회가 역사 안에서 이해한 성경의 해석이 곧 전통이 된다. 교회의 전통은 교회가 인정하는 교부들의 신학, 공의회의 결정들, 신조, 교황의 교서, 그리고 교회법 등을 포함한다. 이러한 전통은 역사적으로 발전하고 변화하여 왔으며 때로는 시대에 따라 달라지기도 하였다. 중요한 것은 그 시대에 교회가 결정한 것이 곧 반드시 지켜야 할 교회의 전통이 된다는 것이었다. 이 전통은 동시에 성경과 동일한 권위를 가진다. 이러한 논리의 성경적 근거는 마태복음 16장 19절에 있다. "내가 천국 열쇠를 네게 주리니

네가 땅에서 무엇이든지 매면 하늘에서도 매일 것이요, 네가 땅에서 무엇이든지 풀면 하늘에서도 풀리리라." 즉, 교회가 땅에서 무엇이든지 결정하면 하늘에서 그 결정을 인정한다는 것이다. 그렇다면 여기에서 교회의 의미는 무엇인가? 가톨릭교회에 있어서 교회의 의미는 결국 감독주의와 밀접한 관계가 있다. 교회의 가르침과 권위는 곧 감독의 가르침과 권위를 말하는 것이다.

로마가톨릭교회의 특징 가운데 이즈음 해서는 감독의 중요성이 언급되어야 한다. "너는 베드로라 내가 이 반석 위에 내 교회를 세우리니 음부의 권세가 이기지 못하리라."라는 마태복음 16장 18절의 말씀을 근거로 하여 가톨릭교회는 교회의 기초를 사도 베드로로 이해한다. 그리스도께서는 베드로라는 인간을 교회의 기초로 삼으셨다는 것이다. 이러한 성경에 대한 해석은 개신교가 교회의 기초를 "주는 그리스도시요 살아 계신 하나님의 아들"(마태복음 16:16)이라는 베드로의 신앙고백에 두는 것과는 대조적이다. 3세기의 탁월한 교회 지도자였던 카르타고의 키프리안에 와서는 좀 더 과격하게 감독이 없으면 교회도 없다고 주장하게 되었다. 교회가 교회이기 위해서는 반드시 사도적 정통성을 확보하고 있는 감독이 있어야 한다는 것이다. 2세기 초 안디옥의 감독이었던 이그나티우스 이래로 일인 감독주의가 부상하면서 점점 교회의 정통성은 감독의 정통성과 연계되었고 천국의 열쇠가 주어진 사도 베드로의 권위는 교황의 전체 교회에 대한 권위로 이해되었다.

로마가톨릭교회가 말하는 교회는 '가시적 제도'로서의 교회이다. 제도교회의 특성은 사제들의 상하 직위체계와 성례전에서 나타난다. 성령의 임재와 활동은 오직 가톨릭교회 안에서만 이해될 수 있으며 사제의 활동과 성례전을 통해서 이루어진다고 믿는다. 즉, 교회가 정한 방법으로 사제가 성례전을 온전하게 집행하기만 하면 하나님의 은혜가 그 가시적 성례전을 통하여 수례자에게 자동으로 전달된다고 하는 성례전주의는 가시적 제도교회의 중요한 특성이다. 하나의 가시적 제도로서 가톨릭교회는 신앙생활과 신학의 보편적 진리를 소유하고 있으며, 그 진리를 신자들에게 베푸는 매개의 역할을 한다. 한 개인의 신앙생활에 있어서 이 가시적 교회의 역할은 절대적이다. 이 보편적 교회는 하나이며 베드로의 사도적 후계자인 교황에게 모든 권위가 집중되어 있다. 가장 초기부터 가톨릭교회는 한 교회의 개념을 강조해 왔고 모든 지역교회는 독립적인 교회가 아니며 이 '한 교회'에 그 뿌리를 두고 있다.

가톨릭교회는 일곱 성례전을 시행하고 있다. 영세(침례 혹은 세례)는 원죄와 이전의 모든 죄를 실제로 씻는다고 믿으며 원죄를 가지고 태어나는 유아도 유아세례를 통하여 원죄를 씻어야 한다고 주장한다. 성만찬은 그리스도의 '영구제사'로 이해되고 성찬시에 빵이 그리스도의 몸으로 변한다는 '화체설'을 공식적으로 받아들인다. 가톨릭교회의 또 하나의 성례전인 고해성사는 가톨릭교회의 중요한 특징을 대변한다. 신자가 죄를 지은 뒤 사제에게 죄를 고백하면 사제가 죄의 용서를 선포해 주지만, 그것으로 끝나는 것이 아니라 이 땅에 있을 동안에 대사의 행위를 해야 한다고 보았다. 그렇지 않으면 사후에 천국으로 바로 가지 못하고 특정한 기간 동안 연옥에 머물게 된다. 이 대사의 행위는 과거에 성지를 순례한다거나 십자군에 참여하는 것을 포함하였으며, 나중에 면죄부를 포함하는 것이었다. 그 외에도 일곱 성례전은 종부성사, 견진성사, 서품(신품), 혼인을 포함한다. 가톨릭교회는 또 사자들을 위한 기도, 마리아론, 성직독신주의 등의 제도가 있다.

16세기의 개신교 종교개혁은 중세 후기의 가톨릭교회에 상당히 타격을 주었다. 그러나 트렌트 공의회(1545~1563)를 통하여 중세 후기의 가톨릭교회의 신학이 다시 정통으로 재확인되었다. 종교재판소와 금지목록회중의 활동과 예수회와 같은 수도회의 적극적인 이단박멸 활동을 통하여 개신교의 확장을 막는 일에 박차를 가하였다. 근대 이후의 로마가톨릭교회는 대체로 그 의미에 있어서 서로 대조적인 1차 바티칸 공의회(1869~1870)와 2차 바티칸 공의회(1962~1965)로 특징지어진다. 1차 바티칸 공의회는 당시의 계몽주의적 시대풍조와 현대주의에 대하여 가톨릭교회의 교리를 수호하고 교황의 권위를 높이는 일을 위하여 개최되었으며 '교황무오'를 선언하기에 이르렀다. 2차 바티칸 공의회는 그야말로 개혁 공의회였다. 현재의 가톨릭교회를 말할 때 2차 바티칸 공의회를 기준으로 그 이전과 그 이후의 가톨릭은 결코 같지 않다고 말할 정도이다. 두드러진 변화는 라틴어 예전이 자국어로 가능하도록 문이 열린 것이다. 이것은 가톨릭 예전의 다양화의 계기를 만들었다. 지역교회에 따라 정도의 차이는 있지만 예전에 대하여 상당한 자유가 생기게 되었고 간소화되었다. 또 하나 두드러지는 것은 정교회와 개신교단에 대한 태도가 달라진 점이다. 그들을 더 이상 정통과 이단의 관계에서 보지 않고 단순히 '분리된 형제들'로 부르기 시작하였다. 2차 바티칸 공의회는 여러 가지 면에서 현대 가톨릭교회의 모습을 결정하였다.

동방정교회

동방정교회(Eastern Orthodox Church)는 비잔틴제국이 몰락한 이후 그 구심점이 서서히 러시아로 옮겨갔고 그 이후 러시아가 공산화되면서 한동안 서구로부터 가려져왔던 교회의 전통이었다. 동방정교회가 우리에게 좀 더 알려지기 시작한 것은 20세기 후반의 구소련 해체 이후였다. 이전의 교회사 서적들은 대체로 서방교회의 역사를 위주로 하면서 동방교회에 대하여는 본격적으로 다루지 않는 경우가 많았다. 전 세계적으로 신도수가 1억 8천5백만 이상이 되는 종교로서는 이례적인 일이다. 대니얼 B. 클렌데닌은 미국에서 정교회가 소외되었던 이유를 4가지로 말하는데, 그것은 대체로 서구와 서구에 의하여 기독교를 받아들인 지역에서도 통하는 이유일 것이다. 첫째, 미국에서 3대 종교를 말할 때 개신교, 가톨릭, 유대교를 꼽는데 여기에 정교회에 대한 인식은 없다는 점이다. 둘째, 미국에서 - 서방에서는 대체로 - 정교회는 이민교회로서의 많은 제약이 있었다는 점이다. 셋째, 정교회가 냉전의 상황에서 '악의 제국'이라고 낙인이 찍힌 나라 출신이라는 정치적 편견에 의하여 피해를 보았다는 점이다. 넷째, 정교회가 몇몇 외적인 유사성에 의하여 로마가톨릭교회와 혼동되었다는 점이다.[4] 그러나 이제 정교회는 미국에서만도 600만 이상의 신도들이 있는 제4의 종교로 자리매김을 하고 있다.

동방정교회는 역사적으로 7차 대공의회 때까지는 서방교회와 실질적으로 한 교회의 개념으로 이해되어야 한다. 니케아에서 있었던 787년의 '성화상' 공의회 때까지는 양측이 공동으로 공의회의 결정을 승인하였다. 지금도 동방정교회는 그들의 교회전통이 첫 7대 대공의회에 기반을 두고 있으며, 초대교회의 전통에 충실하게 서 있다고 자부한다. 그들은 오히려 자신들의 교회가 로마가톨릭교회보다 그 부분에 있어서 더 정통에 서 있다고 자신 있게 말하고 있다. 그들의 입장에서 로마가톨릭교회는 '필리오쿠에' 문제에서 이미 정통성을 상실한 것으로 본다. 정교회는 위치적으로 유럽의 동쪽 지역에 편재해 있으며, 10세기 이후로는 러시아를 비롯하여 세계 곳곳으로 확장되었다. 원래 정교회는 동로마제국을 중심으로 발전되었기 때문에 희랍문화적인 특성을 가지고 있다. 그 이름은 역사적으로 '동방정교회' 혹은 '희랍정교회'로 불려왔지만, 세계화가 된 근년에는 그냥 '정교회'라고 많이 불린다. 정교회의 역사는 대개 세 시기로 나누어서 이야기하는데 787년까지의 고전적 시기, 1453년에 비잔틴제국이 이슬람 제국에 의해 멸망한 때까지의 시기, 그 이후 이슬람과 공산주의 치하에서 지내온 현재까지의 시기이다.[5] 10세기에서 11세기에 걸쳐서 비잔틴 교회는 새로운 두드러진 확장을 이루는데, 그것은 바로 키에프(우크라이나) 공국에 중심을 둔 러시아 민족의 개종이었다. 그리스 선교사들은 포티우스 총대주교 때부터 슬라브족을 위한 선교의 노력을 기울여 왔었다. 집권자들에 의하여 받아들여진 러시아의 정교회는 독립적인 국가교회로 성장하였으며, 비잔틴제국의 멸망 이후에는 가장 크고 영향력 있는 정교회로 자리 잡게 되었다.

동방정교회는 로마가톨릭교회와는 달리 13개의 독립적인 자치 정교회들로 이루어져 있고 콘스탄티노플 총대주교의 수위권을 인정해 왔지만, 로마 교황처럼 실질적인 권위를 가진 것은 아니며 다소 전통적인 것이다. 각 지역의 정교회는 독립적이고 자치적인 권위를 가지고 있다. 교회에 관련된 문제들을 다룰 때 최종적인 권위는 공의회에서 나오며, 특히 대공의회는 모든 교회들로부터 대의원들이 참여하는 등 최고의 권위 주체가 된다. 정교회는 동시에 평신도들의 실질적인 활동을 장려하고 있는데 그들 가운데서 신학자, 설교가, 영적 지도자들을 많이 배출하고 있다. 교리적인 면에서는 콘스탄티누스 이후 제국의 종교로서 어느 정도의 통일성이 전제된 가운데 수세기를 함께했던 가톨릭교회와 유사한 점이 많이 있다. 로마가톨릭교회처럼 구체적이고 뚜렷하지는 않지만 정교회에도

7성례전을 인정하고 있다. 다른 점은 침례(세례)의 형식을 침수례로 하며 이것은 유아에게도 동일하게 적용된다. 성만찬에 관해서는 만찬시에 빵과 포도주가 그리스도의 살과 피로 변한다고 믿는 점에서 가톨릭교회의 화체설에 가까운 개념으로 이해하지만, '화체설'이라는 용어를 쓰는 것은 꺼리는 편이다. 공적 예배와 사적인 목적을 위한 성화상의 사용에 대하여도 긍정적이며 사자를 위한 기도도 인정하지만 연옥의 실체를 인정하지는 않는다. 동방은 또 서방과는 달리 성직독신주의를 원칙화하지 않았으며, 오히려 그것을 원칙으로 하는 서방교회를 비판하는 구실로 삼기도 하였다. 성모 마리아에 대하여는 다른 성인들과 동등하게 인정하지만 가톨릭처럼 '마리아의 무흠한 임신'을 받아들이지는 않는다. 성경이 정교회의 교리와 신학을 형성하는 데 있어서 가장 높은 권위를 가지고 있지만, 그 해석의 열쇠는 정교회가 가지고 있다고 본다. 성경은 어차피 해석의 여지가 있기 때문에 그 해석의 권위를 가지고 있는 교회가 성경보다 더 우위에 있다는 것이다. 다른 말로 성경은 교회 위에 있는 것이 아니라 교회 안에 있다고 한다. 교회 없이는 성경이 이해될 수 없다고 보는 것이다.[6] 성경 해석의 주체가 되는 정교회의 권위는 최종적으로 공의회에 달려 있다. 성경의 권위 문제에 있어서 정교회와 가톨릭교회 간에는 큰 이견이 없어 보인다. 구소련 연방이 무너진 요즘에 와서 정교회에 대한 사람들의 관심은 증가하고 있고 세계의 각 지역에서 뚜렷한 성장세를 보이고 있다.

중세의 교회 이탈자들(서방교회)

중세 서방교회에서 신성로마제국으로 개념화된 국가와 교회의 새로운 합일은 교회의 단일성과 통일성을 뒷받침해 주는 중요한 구실을 하였다. 가톨릭으로 개종한 게르만 종족들의 왕들은 새로운 땅들을 점령하면서 그곳에 가톨릭 신앙을 공식화하였고, 교회와 교황은 새롭게 점령된 지역에 부지런히 교회 지도자들을 파견하여 그곳에 가톨릭교회를 세우고 교황의 권위를 확장하기에 여념이 없었다. 9세기 이후 서유럽에서 이러한 작업은 거의 마무리되었고 기독교유럽이라고 할 만한 상황이 이루어졌다. 그러나 시간이 지남에 따라 교회의 문제점들을 지적하면서 새로운 신앙운동을 일으키는 자들이 나오기 시작하였다. 이런 점에서 본다면 카타리파는 가톨릭교회 내에서 형성된 무리가 아니라 동방 이단의 영향을 받고 생겨났다는 점에서 다른 무리들과는 구별되어야 할 것이다.

카타리파

십자군전쟁이 진행되는 동안에 동방에서 전래된 이단 중 대표적인 것은 '카타리파(Cathari)'였다. 이 종파는 동서교류가 활발하게 이루어졌던 이 기간에 동방의 보고밀파라는 이단으로부터 영향을 받아 12세기 중엽 이후 서유럽의 여러 지역에서 활동하고 있었으며, 특히 북이탈리아와 남프랑스 지역에서는 기존 교회가 위협을 느낄 정도로 번성하였다. 고대의 마니교처럼 선과 악에 대하여 극단적 이원론을 주장하였기 때문에 '서방의 마니교'라고 불리기도 한 이들은 성결한 삶을 위한 금욕적 생활 방식을 강조하였다. 이들에 대한 일반인들의 반응은 대체로 나쁘지 않았고 오히려 신실한 기독교인들로 인식된 경우가 많았지만, 그들의 수가 증가함에 따라 기존 교회에 의하여 박해를 받기 시작하였다. 모슬렘에 대항하여 형성되었던 십자군의 정신이 기독교 이단들에 대해서도 적용되기 시작하였다. 특히 프랑스 남부 알비라는 곳에서 활동하고 있었던 알비파에 대한 교회의 무력적 진압은 유명하다. 그 지역에서 알비파는 많은 사람들에 의하여 인정받고 있었고, 지방 귀족들도 그들의 활동을 묵인하곤 했다. 그러나 교황은 그들에 대하여 십자군을 선포하였고 향후 20년 동안 수많은 알비파 신도들이 십자군에 의하여 학살당했다. 흔히 그렇듯이 이 전쟁도 순수하게 종교적이지는 못하였다. 남부 지역에 대한 프랑스의 왕과 북부 귀족들의 정치적 이해가 교황의 교회 통일에 대한 염원과 맞물려 있었다. 알비파 신도들이 학살을 당하는 동안에 그 지역의 귀족 세력도 함께 함락되었다. 알비파에 대한 무력적 탄압은 기독교 역사에서 좋지 않은 선례를 남겼다. 이단을 근절시키는 수단으로 종교재판소가 등장하게 된 배경도 이와 무관하지 않았다. 14세기까지 서방세계에서 카타리파의 활동은 거의 근절되었다.

발도파

12세기 말에 기존 교회를 위협할 만한 공동체 운동은 발도파(Waldenses)에 의하여 이루어졌다. 발도파는 피터 발도(혹은 발데스)라고 불리는 리용의 부유한 상인을 중심으로 시작되었는데, 사도적 삶의 특징으로서 청빈의 삶과 설교사역을 강조하였다. 그들은 교황에게 자신들의 활동을 승인해 줄 것을 공식적으로 요청했지만 거부되면서 서서히 제도교회로부터 이탈하기 시작했다. 사실 그들의 활동은 13세기 초에 일어났던 탁발수도회들과 별다를 바 없었다. 만약 교회가 그들의 활동을 승인했다면 그들이 제도권 안에서 발전하였을 가능성이 충분히 있었을 것이다. 그들의 활동은 유럽 전역에서 상당한 주목을 받았으며 제도교회의 압박에도 불구하고 중세 교회의 이탈자들 가운데 살아남은 거의 유일한 그룹이 되었다. 그들이 성경을 중시하는 사역을 강조한 것은 이후의 기독교 인문주의 자들과 16세기 종교개혁가들의 활동과 견줄 만한 것이었다.

위클리프파

위클리프(1328~1384)와 후스(1372~1415)의 공통점은 둘 다 자기 시대에 이단으로 정죄를 받고 화형에 처해졌던 인물 들이었다는 것이다. 다른 점은 전자는 죽은 후에, 후자는 생전 에 화형에 처해졌다는 것이다. 더 중요한 공통점은 둘 다 16 세기 종교개혁의 선구자적 역할을 하였다는 것이다. 존 위클 리프는 영국의 옥스퍼드에서 공부하였고 이후 그곳에서 학생 들을 가르쳤다. 그의 신학은 다분히 아우구스티누스적인 기조 위에 세워졌으며 성경과 교부들의 신학을 중시하면서 스콜라 주의 신학을 경계하였다. 그는 신앙에 있어서 하나님과의 내 면적·개인적 관계를 강조하였고 당시 가톨릭교회의 사제주의 와 신앙의 공덕주의를 비판하였다. 특히 성경이 교회의 유일 한 법칙이요 최고의 권위임을 강조했고, 성경은 모든 믿는 자 들의 소유라고 주창하였다. 종교개혁가들의 사상적 원천이 이 러한 그의 사상에서 이미 발견된다. 그의 신학은 교회개혁에 대한 관심으로 이어져 당시의 가톨릭교회에 대하여 서슴없이 비판을 제기하였다. 또한 세상 권력에 몰두하는 교황과 타락 한 수도회들을 신랄하게 비난했고, 잘못된 교황이나 성직자들은 세속 통치자에 의하여 축출될 수 있다고 주장하였다. 그것은 곧 교회가 타락할 때는 정부가 교회를 개혁해야 한다는 주장과 일맥상통하는 것이었다. 그의 주장은 영국의 왕과 귀족들을 비롯한 많은 이들로부터 환영받았으나, 화체설을 반대하면서 그는 옥스퍼드 대학으로부터 강좌를 박탈당하는 등 당국으로부터 박해를 받기 시작하였다. 그의 가르침은 결국 1382년 이후로 교회에 의해 여러 차례 정죄되었다. 그는 1384년에 사망했으나 후에 콘스탄츠 종교회의(1415)에서 다시 이단으로 정죄된 뒤 시체가 발굴되어 불태워졌다. 그의 추종자들은 '위클리프파(Wycliffites)' 혹은 '롤러드(Lollards)'라고 불렸는데, 초기를 제외하고는 서민들이 주류를 이루었다. 그들을 통하여 위클리프의 사상은 영국의 기독교에 다양한 영향을 끼쳤다. 그들은 교회의 실질적인 개혁에 있어서는 가시적 성과를 거두지 못했지만 16세기 영국 땅에 개신교가 쉽게 퍼질 수 있었던 토양을 형성하는 데 상당한 공헌을 하였고, 17세기 영국의 비국교도들에게도 그 영향이 상당했음을 발견할 수 있다.

후스파

요한 후스는 보헤미아의 성직자로서 명 설교가요 대학의 교수였다. 그는 기본적으로 위클리프의 사상과 운동에 강하게 영향을 받고 교회 개혁의 필요성을 역설하기 시작하였다. 그는 위클리프의 글을 번역하기 시작하였고 가톨릭교회 성직자

43

들의 타락상에 대하여 비난하는 설교를 하기 시작하였다. 기존교회는 그러한 후스에게 설교금지령을 내렸으나 그는 굴하지 않았으며, 결국 콘스탄츠 종교회의에서 이단으로 정죄받고 화형당하였다. 그는 교회의 기초를 베드로가 아니라 그리스도라고 주장하였고, 성경의 최고 권위를 재확인하였다. 또한 그는 성경의 권위에 복종하지 않는 교황에게는 복종할 필요가 없다고도 하였으며, 하나님과 인간 사이에는 그리스도 이외의 어떤 중재자도 없다고 보았고 죄에 대한 대사 행위 역시 거부하였다. 후스의 처형 소식이 전해지자 보헤미아 사람들은 그를 순교자이자 국민적 영웅으로 추앙하였고, 그의 개혁정신은 '후스파(Hussites)'로 불리는 그의 추종자들에 의하여 계승되었다. 그들 중 일부는 '보헤미아 형제들'로 불리는 자들이었고 그들의 후예는 '모라비아 형제단'이 되었다.

중세에 나타난 교회 이탈자들은 대체로 제도교회의 형식적이고 외형적인 신앙 형태에 대하여 불만을 가진 자들이었으며, 신앙의 보다 내면적이고 개인적인 차원을 중시하였던 자들이었다. 그들은 당시에는 제도교회에 의하여 이단으로 낙인 찍혀서 종교적으로 불명예를 안게 되었고 정치사회적으로도 많은 어려움을 겪었지만, 앞으로 도래할 시대를 예견했다는 면에서 중요한 역사적 의의를 남겼다고 할 것이다. 그들 가운데는 성경의 권위를 회복하고 성경을 기준으로 하는 교회의 개혁을 꿈꾼 자들이 있었고, 그들의 정신은 직접적으로 후세대들에게 영향을 주기도 하였다.

16세기   종교개혁과 교단의 형성

16세기 종교개혁의 일반적 이해

16세기의 종교개혁은 기독교에 있어서 새로운 교단주의가 형성되는 계기를 마련하였다. 독일에서는 루터의 종교개혁을 필두로 루터교가 시작되었고, 스위스의 각 도시에서는 개혁교 전통이 시작되었으며, 그 직후 영국에서는 영국의 독특한 방식으로 영국국교회 혹은 성공회가 서서히 형성되었다. 또 다른 일각에서는 정교분리의 이론과 신자들의 교회의 개념을 제기하는 자유교회 운동이 일어나기 시작하였다. 이러한 일들은 예전에 예측할 수 없었던 새로운 변화들이었다. 서방교회만을 두고 본다면 교회는 중세적 통일성을 가지고 오랫동안 하나의 교회라는 개념을 유지해 왔다고 말할 수 있다. 16세기 초까지 기독교 유럽의 결속력은 적어도 종교적으로는 흔들림이 없는 듯하였다. 비텐베르크의 한 수도사가 교회의 면죄부 제도에 대하여 비판의 날을 세웠을 때도 그것이 중세교회의 근간을 흔드는 사건의 전주곡이 되리라고는 아무도 예측하지 못하였다. 그러나 아무도 예측하지 못했다고 해서 16세기의 종교개혁이 그 시대에 갑자기 나타난 현상이라고 말해서는 안 될 것이다. 그 시대에 대대적인 종교개혁의 운동이 전개될 수 있었던 것은 수세기 동안 진행되어온 정치사회적인 변화와 중세 후기의 사상적 다양화, 그리고 교회 개혁의 필요성에 대한 꾸준한 제기 등과 무관하지 않았다. 특히 르네상스라는 문화적 변혁기 동안의 다양한 변화들은 종교개혁에 광범위한 영향을 끼쳤으며, 이때 등장하기 시작한 소위 기독교 인문주의자들의 활동은 종교개혁 운동과 직접적인 관련이 있었다. 여기에 덧붙여 바로 전 시대에 이루어진 활자의 발명은 종교개혁이 성공하는 데에 일등공신 역할을 하였다. 넓은 의미에서 이러한 시대적 변화들이 전제되지 않았더라면 기독교는 종교개혁을 수행할 만한 사상적 틀도 가지지 못했을 것이고, 또 그 개혁이 현실화될 만한 여건도 가지지 못했을 것이다.

16세기의 종교개혁은 그 방향에 따라 대체로 세 가지 타입으로 나누어 이해할 수 있다. 우선은 가톨릭 내에서 교회의 타락을 경고하며 윤리적 개혁을 강조한 종교개혁이다. 이 종교개혁은 종교의 개인적인 측면을 강조하였고, 성경의 권위를 회복하고 모든 사람들이 성경을 읽고 공부해야 할 필요성을 역설하였다. 많은 기독교 인문주의자들이 여기에 속했으며 에라스무스는 그 대표적인 자였다. 그의 희랍어 신약성경은 16세기 종교개혁에 있어서 가장 중요한 문서 작업 중 하나로 꼽힌다. 그들은 여전히 가톨릭교회의 신학과 제도에 긍정적인 입장이었고 그 교회 내에 계속 남아 있었지만, 그들의 사상은 많은 개신교 개혁가들에게 광범위한 영향을 끼쳤다. 또 다른 타입의 종교개혁은 가톨릭교회의 교리적·신학적 문제점들을 지적하고 비판을 제기한 종교개혁이었다. 루터를 포함한 대부분의 주류 종교개혁가들이 여기에 속한다. 그들 역시 교회의 윤리적 타락을 지적하였지만, 교회 타락의 더 근본적인 이유는 교리와 신학의 문제에 있다고 생각하였다. 그들이 지적하였던 교리적·신학적 문제점, 특히 교회의 전통과 교황의 권위에 대한 도전은 그들로 하여금 가톨릭교회 내에 남아 있는 것을 힘들게 하였다. 처음부터 의도한 것은 아니었지만 결국 분리의 길은 예고된 것일 수밖에 없었다. 그러나 이들의 개혁은 세속 권력과 함께 손을 잡고 추진되었다는 점에서 '관료 의존적'이었다. 또 하나의 종교개혁은 주류 종교개혁가들의 교리적·신학적 문제제기에 동의하면서도 교회 타락의 근본적인 원인이 교회와 국가의 합일, 즉 교회와 사회의 구별이 없는 국가교회에 있다고 주장한 자들에 의하여 이루어졌다. 그들은 신약성경에 나타난 교회는 사회의 모든 자들로 구성되는 것이 아니라 자발적인 신앙고백을 한 믿는 자들로 구성된다고 보았으며, 국가에 의하여 강요된 신앙을 거부하였다. 그들은 기존 교회는 기초부터 잘못 세워졌다고 생각하였기 때문에 각 개개 인의 신앙고백을 근거로 교회를 다시 세워야 한다고 했으며 의도적 분리를 시도하였다. 복음적 재침례교가 여기에 속한다. 이들 가운데서 현대 자유교회 전통이 시작되었다.

루터교회(Lutheran Church)

"16세기 종교개혁의 시대는 마르틴 루터로부터 시작되었 다"라고 말하는 것은 상징적으로는 맞는 말이다. 16세기 초까 지 기독교 유럽에 나타난 종교개혁의 조짐들은 우연이든 필연 이든 '마르틴 루터'라는 그 시대의 탁월한 인물의 삶에 그 시 험대를 놓았다. 루터는 어쨌든 자신에게 주어진 시대적 소명 을 그대로 흘려보내지 않았다. 그가 적어도 개인적인 신앙의 차원에서 자기 시대의 아픔들과 맞부딪쳤던 것은 그로서는 필 연적인 것이었다. 그는 대학에서 법을 공부하기 위하여 필요 한 기본적인 학문들을 습득하였고, 법대에 진학한 이후 돌연 아우구스티누스 수도회의 수도사가 되어 곧 사제로 서품을 받 은 자였다. 그리고 비텐베르크 대학에서 중세 후기의 가톨릭 신학을 공부하였고 박사학위를 받았다. 그는 동 대학에서 성 경을 가르치기 시작하면서 교편을 잡게 되었는데, 그곳은 앞 으로 전개될 '종교개혁'이라는 폭풍의 진원지가 될 것이었다. 루터가 자기 시대에 종교개혁가의 역할을 하게 된 것은 신앙에 대한 그의 개인적 고뇌와 무관하지 않았다. 가톨릭의 사제요 수도사로서 그는 자신이 소속된 교회와 신학에 충실한 자였지만 그에게 엄습하는 죄책감, 하나님의 진노에 대한 두려움, 그리고 자신의 구원에 대한 불확실함 때문에 번민에 싸여 있었다. 반복되는 미사와 고해성사를 통해서도, 또 수도사의 철저한 자기 절제와 금욕의 생활을 통해서도 그러한 고민은 사라지지 않았다. 그의 죄의 용서와 구원에 대한 처절한 갈등은 성경연구를 통하여 서서히 해결되기 시작하였다. 그가 새롭게 발견한 그리스도의 복음은 구원이란 인간의 어떤 수고나 공로로도 가능하지 않으며 오직 하나님의 은혜로 그저 주어졌음을 가르친다는 것을 깨달았다. 그는 가톨릭교회가 그동안 가르쳐온 구원에 대한 메시지에 심각한 문제가 있음을 인식하였고, 이러한 인식은 16세기 종교개혁의 가장 중요한 신학적 모티브가 되었다. 그가 1517년에 면죄부 제도를 공격한 '95개 조항'은 그의 종교개혁 사상을 대변하지는 않는다. 그의 사상은 그 이전에 이미 정리되었으며, 1518년 하이델베르크의 논쟁에서와 1520년에 발표된 몇 편의 글에서 잘 표현되었다. 그는 이러한 글에서 인간의 행위에 근거한 구원의 논리를 배격하였고 가톨릭 사제주의를 거부하고 전신자제사장의 이론을 정리하였으며, 인간의 이성에 치우친 중세 후기의 스콜라주의 신학을 비판하면서 소위 '십자가 신학'을 제기하였다. 그는 또 교리와 신학에 있어서 최고의 권위가 성경에 있음을 강조하면서 교회에 대한 교황의 권위가 절대적이지 않다고 주장하였다. 이러한 사상은 종교개혁 정신의 골자를 이루었고 그 이후의 모든 개신교 개혁가들에게 깊은 영향을 주었다.

루터의 가톨릭교회에 대한 비판과 개혁 사상은 많은 사람들로부터 호응을 얻었으며 독일의 제후들 가운데서도 루터의 입장을 지지하는 자들이 등장하기 시작했다. 1526년과 1529년에 있었던 슈파이어 제국회의가 열릴 즈음에는 이미 독일 내에서 루터교 지역과 가톨릭 지역의 구분이 생기기 시작하였다. 그 제국회의의 결정은 독일 지역이 종교적으로 양분되는 공식적 과정의 첫 단추였다. 그 제국회의의 잠정적인 결론은 "그 지역의 종교는 그 지역 군주의 종교로 한다"는 것이었다. 이것은 소위 '영역교회'의 개념 도입을 의미하는 것이었으며, 루터교의 운명이 이제는 루터의 손을 떠나 독일 제후들의 손에 넘어갔음을 의미하였다. 이후 독일의 루터교회와 가톨릭교회의 갈등은 제후들 간의 정치적 갈등으로 비화되었고, 루터교의 운명은 자기 지역에서의 권력 신장을 꾀하면서 정치적 독립을 강화시키려고 하였던 제후들의 정치적 성패에 달리게 되었다. 그 지역의 종교가 그 지역의 독립적 정치권력을 획득한 군주의 종교로 정해지는 상황에서 종교개혁가들의 역할은 극소화될 수밖에 없었다. 루터교 제후들은 가톨릭 제후들에 대항하여 슈말칼덴 동맹을 형성하였으며, 그 결과로 일어난 전쟁이 곧 슈말칼덴 전쟁(1546~1555)이었다. 10년간의 전쟁 후 맺은 아우크스부르크 조약은 1529년의 슈파이어 제국회의의 결정을 재확인하는 것이었다.

루터의 종교개혁은 스위스의 개혁교에 비하여 당대에 국제적으로 뻗어나가는 데 있어서 그다지 성공하지 못했다. 그 이유는 1522년 이후 루터는 가톨릭교회가 아닌 또 다른 일단의 무리들과 논쟁을 하지 않으면 안 되는 상황들에 있었기 때문이다. 그는 우선 1522년 이후로 종교개혁에 있어서 보다 진보적인 무리들과 논쟁하게 되었는데, 그들은 루터의 개혁이 불충분하다고 생각하였으며 어떤 이들은 '절반의 개혁'으로 평가절하하기도 하였다. 특히 교회 내의 성화상을 그대로 인정하는 등 가톨릭교회의 예전의 형식에 대하여 보수적인 입장을 취한 것은 어떤 이들에게는 실망이었다. 그들과의 논쟁은 가톨릭교회를 향하여 세운 비판의 날을 무디게 하는 경향이 있었다. 이러한 루터의 태도에 실망한 자들은 또 다른 개혁의 길을 모색하게 되었다. 1525년에 루터는 『의지의 속박』이라는 책을 통하여 에라스무스의 자유의지론을 공박하였는데, 이것은 유럽의 많은 인문주의자들이 루터로부터 등을 돌리는 계기가 되었다. 그들은 루터의 종교개혁에 대하여 대체로 긍정적으로 생각하였으나 그의 실질적인 개혁의 방법에 대하여는 중립적 입장을 취하고 있었던 자들이었다. 에라스무스의 긍정적 인간론에 대한 루터의 과격한 반발은 그들의 눈살을 찌푸리게 하였다. 그러나 루터의 종교개혁에 가장 큰 타격이 된 것은 1525년의 농민전쟁에 대한 그의 태도였다. 그가 혁명을 일으킨 농민들을 물리쳐야 할 적으로 규정하고 귀족 편에 섬으로써 수많은 서민들의 지지를 상실한 것은 루터 개혁의 확산에 많은 지장을 초래하였음에 틀림없다. 그럼에도 불구하고 루터의 신학적 업적과 종교개혁이라는 그의 시대적 사명을 다함에 있어서 루터의 업적은 결코 과소평가되어서는 안 된다. 신학적으로 루터 이후의 거의 모든 종교개혁가들은 루터에게 빚을 지고 있다. 무엇보다도 루터는 16세기의 종교개혁이라는 기차를 움직이게 한 동력을 제공한 자였다.

루터교의 교리는 1530년의 「아우크스부르크 신앙고백서」, 1537년의 「슈말칼덴 신조」, 루터의 「소요리 문답서」, 그리고 1577년의 「일치신조」에 나타난 신앙의 내용을 골자로 하고 있다. 이러한 문서들은 루터의 기본사상을 잘 반영하고 있으나, 후기의 루터교 신학은 멜란히톤의 신학적 정리에 많은 영향을 입은 것도 사실이다. 루터교의 직제는 지역에 따라 다양하며 특별한 규정은 없으나 '전신자제사장' 이론에 입각하여 회중을 중시하는 정신을 이어가고 있다.[7] 이러한 정신이 실질적으로 교회에 반영된 것은 초기보다는 근대 이후였으며, 특히 처음부터 회중주의에 입각하여 교회조직을 발전시킨 미국의 루터교는 이러한 점에서 많은 공헌을 하였다. 독일 루터교의 경우에는 외적인 교회정치는 18세기에 이르기까지 세속군주들에 위임되어 있었고 목사의 소명, 지역교회 방문, 교회법의 제정, 교회치리, 재정관리. 해당지역의 신앙고백의 결정들을 군주들이 주관하고 있었다.[8] 그러나 독일의 루터교도 1918년 이후 공식적으로 국가교회의 개념이 사라진 이후 새로운 교회 행정조직을 본격적으로 회중주의의 원칙에 따르기 시작하였다. 가톨릭교회의 감독들이 루터교로 넘어온 스웨덴에서는 여전히 가톨릭적인 감독제도를 유지하고 있지만, 사도 계승주의를 기본적 이념으로 하지는 않는다. 루터교는 초기부터 교회조직이나 직제에 대하여는 유연성을 가지고 있었고 시대의 흐름과 지역적 전통에 따라 그것을 다양하게 발전시켜왔다고 할 수 있다.

16세기에 독일 이외의 지역에서 루터교가 뿌리를 내린 대표적인 곳은 덴마크, 스웨덴, 노르웨이 지역이었다. 이 세 지역은 명목상 스칸디나비아라는 한 왕국이었지만, 왕이 실질적으로 다스리는 지역은 덴마크뿐이었고 나머지 지역은 귀족들이 섭정하는 형편이었다. 이 지역들은 대체로 9세기 때부터 프랑크 왕국을 통하여 기독교를 받아들였고 11세기에 이르러는 가톨릭교회가 일반화되었다. 루터교가 이 지역에서 종교개혁의 발판을 마련하게 된 것은 프레데릭 1세 때였다. 그러나 그의 정치적 영향력은 덴마크와 노르웨이 지역에 국한되었으며 스웨덴은 구스타브 바사에 의하여 독립된 왕국으로 가고 있었다. 덴마크와 노르웨이는 프레데릭의 종교관용 정책(1527)에 따라 개신교도들이 급성장하기 시작하였고 그의 후계자 크리스천 3세 때는 루터교가 그곳의 국가교회로 뿌리를 굳건히 내리게 되었다. 스웨덴에서는 구스타브 바사의 안정된 집권 이후로 루터교가 서서히 정착되었다. 스칸디나비아 지역에서 루터교가 자리를 잡게 된 것은 대체로 왕들의 직접적인 도움에 의해서였다.

17세기 말부터 루터교 내에서 일어난 획기적인 일은 야코부스 슈페너의 주도로 시작된 경건주의 운동일 것이다. 이 운동은 개신교 종교개혁 이후 일반적인 현상으로 나타났던 소위 '개신교 스콜라주의'에 대한 반발로 일어났다. 이 운동은 기독교 신앙에 있어서 체험과 감성을 중요시하였고, 개인의 실질적이고 내면적인 경건한 신앙생활에 관심을 두었다. 대부분의 경건주의자들은 루터교를 떠나지 않았으며, 하나의 지속적인 영성 운동으로서 18세기 이후 교파를 초월하여 중대한 영향을 끼쳤다. 특별히 헤르만 프랑케가 있었던 할레 대학과 진젠도르프의 '모라비아 형제단'은 근대 선교운동에 귀중한 이정표를 세웠다.

개혁교 전통

개혁교 전통(Reformed Tradition)은 대체로 스위스의 종교개혁에서 비롯되었다고 말할 수 있다. 초기 개혁교 전통의 시작은 울리히 츠빙글리의 취리히에서의 개혁이 중심을 이루었고, 나중에 제네바에서의 칼빈의 개혁이 그 뒤를 이었다고 볼 수 있다. 일반적으로 츠빙글리가 개혁교 전통의 입안자였다면, 요한 칼빈은 그 전통의 완성자라고 하는 것이 타당할 듯하다. 츠빙글리는 어린 시절부터 인문주의적 교육을 받았고 나중에 가톨릭의 사제로 서품을 받은 자였다. 그는 기본적으로 에라스무스적인 인문주의에 많은 영향을 받았으나 교부들의 신학과 성경 연구에도 상당한 실력을 갖춘 자였다. 그는 글라루스를 거쳐 아인지델른에서 주로 설교사역을 맡은 사제로서 명성을 날리기 시작하였고, 갈수록 그의 설교는 복음적 관점에서 가톨릭교회의 개혁을 지향하게 되었다. 설교가로서의 명성은 그가 1519년에 취리히의 그로스뮌스터 교회에 부임하는 데에 결정적인 도움이 되었다. 이즈음 그는 루터의 종교개혁에 대하여 관심을 가지기 시작하였고, 개인적 영적 체험을 통하여 새로운 복음적 영성을 경험하게 되었다. 그의 설교는 점점 복음적·개혁적 특성을 더해갔고 취리히 사람들에게 개혁정신을 고취시키기 시작했다. 그의 설교사역은 취리히에서 종교개혁의 분위기를 형성하는 데에 결정적인 역할을 하였다. 그에 대한 취리히 사람들의 존경과 지지는 그로 하여금 서서히 종교개혁에 박차를 가하게 하였다. 1523년 이후로 몇 차례 있었던 공중토론회는 츠빙글리의 종교개혁에 정치적 힘을 얻는 기회를 제공해 주었다. 종교개혁가들 가운데 츠빙글리만큼 공중토론회를 적절히 사용한 자도 없었다. 1523년 1월에 있었던 공중토론회에서 츠빙글리는 가톨릭교회의 잘못된 가르침들을 비판하는 '67개 조항'을 발표하여 그의 개혁에 정당성을 확보하였고 취리히의 시의회는 그의 개혁에 동의하였다. 이로써 츠빙글리의 개혁은 처음부터 관료의존적인 특징을 가지게 되었다. 1523년 10월에 있었던 2차 공중토론회는 그러한 특징을 잘 보여주었다. 성화상과 미사 문제가 토론회의 주 안제였는데, 츠빙글리를 포함한 모든 이들이 성화상의 폐기와 가톨릭 미사의 개혁을 주장하였지만 그 실행의 여부는 결국 시의회의 손에 달리게 되었다. 이러한 상황은 취리히의 개혁 세력을 둘로 나누는 계기를 만들었다. 원래 츠빙글리는 '예언 모임'이라고 하는 젊은 인문주의자들의 원어 성경연구 그룹에 있었다. 그들은 츠빙글리의 열렬한 개혁 지지 세력이었는데, 츠빙글리의 개혁이 시의회의 결정에 의존하는 것을 원하지 않았다. 그러나 츠빙글리는 그의 개혁이 시의회와 손을 맞잡는 방향으로 가야 한다고 생각하였고, 둘 사이의 거리는 멀어지기 시작하였다. 이 둘 사이의 결정적인 결별은 유아세례 문제에서 비롯되었다. 1525년 1월의 3차 공중토론회는 츠빙글리와 그의 초기 제자들 간에 유아세례문제를 주 안제로 하고 개최되었다. 결과는 또다시 시의회가 츠빙글리의 손을 들어주는 것으로 귀착이 되었고 유아세례를 반대하는 자들을 불법화하였다. 1525년 이후 츠빙글리는 그의 정치적 입지를 공고히 하면서 취리히에서 본격적으로 국가교회를 세워나갔으며, 그의 영향력은 스위스의 각 도시로까지 확대되었다.

그의 개혁은 교회에서 성화상을 철폐하고 가톨릭의 성례전주의를 배격하는 등 성경을 중심으로 교회를 정화하는 것이었으며, 복음을 가르치고 성경교육을 강조하는 일면 말씀과 기도가 예배의 중심이 되도록 하였다. 그리고 복음의 삶은 모든 시민의 삶에도 적용되어 교회를 이탈하는 것은 시민법을 어기는 것으로 이해되었다. 취리히의 종교개혁은 무엇보다도 시민들의 도덕적 개혁에 주안점을 두면서 종교적 획일성을 강조하는 방향으로 나아가면서 초기의 개혁교 전통의 특성을 보여주었으며, 이러한 과정에서 세속권력은 종교개혁의 주요 파트너로서 역할을 감당하였다. 루터와는 달리 츠빙글리는 스위스 지역에서 종교개혁의 확대를 위하여 세속권력의 힘을 적극적으로 활용하였다. 그는 1529년 개혁의 수호와 완수를 위하여 기독교 도시 동맹을 형성하여 가톨릭 세력과 맞섰으며 결국 1·2차 카펠 전쟁에 참여하였다가 전사하고 말았다. 츠빙글리의 죽음은 스위스의 종교개혁을 완수하는 데 있어서 또 하나의 인물을 필요로 하였고, 개혁교 전통의 완성이라는 시대적 역할은 이후에 제네바의 칼빈에게 떨어졌다.

한때 독일의 루터교회와 스위스의 개신교를 정치적으로 묶어서 가톨릭 세력에 대항하고자 하는 시도가 있었다. 독일의 루터교 제후 헤세의 필립이 그 역사적 역할을 담당하였다. 1529년 마르부르크에서 각각 루터와 츠빙글리를 포함한 양측 대표가 만났으나 결국 성만찬에 대한 이견을 좁히지 못하였고 회담은 결렬되었다. 유럽의 개신교 세력이 통합될 수 있었던 기회가 무산되는 순간이었다.

스위스의 종교개혁은 2세대 개혁가 요한 칼빈에 이르러 그 무게가 제네바로 넘어갔다. 프랑스 노용에서 감독의 법률비서관 아들로 출생한 칼빈은 부친의 여망에 따라 신학과 법률 교육을 받았다. 부친의 사망 이후 젊은 칼빈은 평소에 그가 하고 싶어했던 고전 공부에 몰두하였고, 1532년에는 고전 중의 하나인 세네카의 『관대함에 관하여』에 대한 해설서를 발간하여 학계의 주목을 끌었으며, 인문주의자로서의 면모를 잘 보여주었다. 대략 1532년에서 1533년 사이에 칼빈에게는 개인적인 영적 변화의 계기가 있었으며, 점점 종교개혁에 관심을 가지기 시작하였다. 그가 종교개혁에 관심을 가질수록 그는 프랑스에 남아 있기 힘들게 되었고 결국 그곳을 떠나 여러 도시를 전전하였으며, 1536년에는 그 유명한 『기독교강요』를 출간하였다. 이 책은 증보판을 거듭하여 1559년에 이르기까지 계속 발전되었으며, 개혁교 전통의 가장 탁월한 문서로 자리매김하였다.

칼빈이 구체적으로 종교개혁에 참여하게 된 것은 잠시 제네바를 경유하던 중 기욤 파렐의 권유를 받고 개혁 작업을 시작하면서부터였다. 칼빈과 파렐은 제네바를 이상적인 기독교 공동체로 만든다는 개혁의 목표를 세우고 개혁에 착수하였지만 그들의 첫 테스트는 일단 실패로 돌아갔다. 제네바의 정치상황이 그들에게 불리하게 돌아갔던 것이다. 더 이상 그곳에 머물 수 없게 되었을 때 마침 칼빈은 마르틴 부처의 요청을 받고 슈트라스부르크의 프랑스 이민자들의 교회를 목회하게 되었으며 그곳에서 3년 동안 머물게 되었다. 이 기간은 칼빈이 그곳의 종교개혁의 진행을 지켜보면서 배우는 시기였으며, 종교개혁가로서 성숙하게 된 시기였다.

1541년 제네바는 다시 칼빈을 개혁자로 초청하였다. 이전보다 더 신중하고 준비된 개혁자로서 칼빈은 제네바 시민들의 교회생활과 사회생활의 지침서로서 『교회규범』을 마련하고 교회법원의 제도를 도입하는 등 활발하고도 구체적인 개혁 작업을 전개하였다. 그러한 모든 과정이 순조로운 것은 아니었다. 계속해서 정치적인 파고와 신학적 논쟁에 따라 개혁의 작업이 위협을 받기도 하였으나, 1553년 세르베투스 사건 이후 칼빈은 제네바에서 자신의 정치적 입지를 공고히 하면서 개혁 작업을 성공적으로 실현시켰으며 제네바는 개신교 개혁의 한 모델을 보여주었다. 제네바의 종교개혁은 신정국가를 세우는 것을 목표로 하였고, 처음부터 교회와 시의회가 밀접한 협력 관계를 유지하면서 이루어져갔다.

칼빈은 신자의 생활을 유지시키기 위하여 하나님께서는 세 가지 기구를 주셨다고 하였는데 그것은 곧 교회, 성례, 정부라고 하였다. 교인의 삶에 정부의 적극적 도움이 필요하다고 본 칼빈은 교회의 영적인 문제는 성직자들에게 주어진 임무이며 정부가 간섭해서는 안 되는 분야라고 강조하였지만, 정부는 교회의 외형적 치리에 있어서는 일정한 역할을 해야 한다고 보았다. 정부가 해야 하는 역할 중에는 올바른 교회를 보호하고 돕는 일이 포함되어 있었다. 종교개혁을 위하여 세속권력과 손을 잡는 데 있어서는 제네바의 개혁은 루터보다는 츠빙글리의 개혁 방법에 더 가까웠다. 제네바의 모델은 각 나라의 개혁가들에 의하여 모방되었고 곧 유럽의 곳곳에서 개혁교회들이 설립되기 시작하였다. 그 대표적인 예가 스코틀랜드의 장로교회, 프랑스의 위그노파, 네덜란드의 개혁교회, 영국의 청교도, 그리고 이후 신대륙에 세워진 회중교회 등이다. 칼빈

의 종교개혁이 국제적으로 가장 성공한 개혁이 된 것은 그의
『기독교강요』가 인구에 회자되어 각 지역에서 종교개혁 사상
을 대변하였던 점과, 유럽 각 지역에서 온 많은 개혁가들과 학
생들이 제네바 아카데미에서 교육을 받고 본국으로 돌아가 개
혁교 전통을 세운 데서 그 주요 원인을 찾아볼 수 있다.

  칼빈은 아우구스티누스의 신학적 기조 위에 당시의 주요
개혁가들의 신학사상을 계승·발전 및 정리한 자였다. 종교개
혁가들이 중세 가톨릭교회의 신학에 대하여 비판을 제기했을
때 가장 중요한 이슈는 구원론과 인간론이었는데, 이는 칼빈
에게도 예외가 아니었다. 그는 루터와 마찬가지로 구원에 대
하여 인간의 역할은 전무하며 전적으로 하나님의 은혜만으로
가능하다고 주장하면서 하나님의 주권 사상을 강화하였다. 이
러한 관점에서 칼빈이 발전시킨 것은 아우구스티누스의 예정
론이었으며 이는 칼빈주의의 주요 쟁점이 되었다. 라이덴의
야코부스 아르미니우스는 칼빈주의의 예정론적 구원론에 대
하여 문제점을 지적하고, 구원에 있어서 인간의 선택과 책임
을 강조하였다. 1618년부터 1619년까지 네덜란드 도르트레히
트에서 있었던 종교회의에서는 아르미니우스의 가르침을 반
박하며 5개의 칼빈주의 강령을 채택하였다. 그것은 곧 하나님
의 무조건적 예정, 그리스도의 제한적 구속, 인간의 완전한 타
락, 거부할 수 없는 하나님의 은혜, 성도의 견인 등을 말한다.
이 다섯 가지 강령이 개혁교 전통의 본질적 관점들을 모두 포
괄하지는 않지만, 역사적으로 개혁교 전통의 가장 중요한 특

색인 것은 부인할 수 없는 사실이다. 칼빈은 루터처럼 교회를 말씀이 선포되고 성례전이 온전하게 이루어지는 곳으로 정의를 하지만 더 나아가 한 가지 요소를 더 추가하였는데, 그것은 바로 교회의 권징제도였다. 교회는 교인들의 올바른 윤리적 삶을 장려하고 관장하는 곳이며 때로는 출교의 조치를 할 수 있다고 보았다. 여기서 칼빈은 율법을 기독교인의 생활의 길잡이로 강조하면서 루터보다는 율법을 더 긍정적으로 이해하였다. 교회치리는 장로주의의 형태를 취했으며 직위는 목사, 교사, 장로, 집사를 두었다. 여기서 장로는 평신도인 시의회의 의원들에 의하여 구성되어 교회법원을 관장하도록 하였다. 칼빈의 이러한 가르침은 개혁교 전통에 서 있는 여러 교단들에게 깊은 영향을 주었다.

재침례교회: 자유교회의 시작

16세기 개신교 종교개혁이 대체적으로 관료 의존적인 특징을 가지고 있었지만, 동시대에 정교분리와 '신자들의 교회'를 주창하면서 4세기 이후의 교회를 총체적으로 반성하고 신약성서의 교회로 돌아가야 한다고 주장하였던 재침례파의 교회(Anabaptists)는 개신교 종교개혁의 또 다른 주요 전통으로 주목받아야 할 것이다. 이 교회의 전통은 이후 하나의 독립된 전통으로서 '자유교회'의 전통으로 불리게 되지만, 16세기에는 로마가톨릭교회와 다른 개신교들 양쪽으로부터 박해를 받으며 종교개혁의 주류에서 제외되었다. 당시 기독교 유럽에서 세속 군주들과 함께 그들의 영역 안에서 정치적 진행상황과 직간접으로 연관을 가지며 진행되었던 종교개혁의 상황에서 세속군주들의 도움을 거부하고 제도교회의 틀을 깨고 나온 '재침례운동'이 주류에 들어가기란 어려운 일이었다. 이들은 당대에는 적들에 의하여 조롱의 의미로 '아나뱁티스트'라고 불리곤 하였는데, 이는 그들이 유아세례를 반대하고 신자의 침례(세례)를 주장하였기 때문이었다. 그들은 교회가 신약성서에 나타난 모습으로 돌아가야 한다고 강조하면서 '개혁'이라는 말보다는 '회복' 혹은 '복귀'라는 말을 더 선호하였다.

초기의 재침례교 지도자들은 거의 모두가 루터와 츠빙글리의 개혁을 열렬하게 지지하던 자들이었다. 그들 중에는 가톨릭 사제들도 있었고 수도사들도 있었으며, 에라스무스의 영향을 받은 기독교 인문주의자들도 많이 있었다. 16세기의 첫 재침례교도들은 취리히에서 개혁을 추진하고 있었던 츠빙글리의 개혁 진영으로부터 나왔다. 그들은 주로 젊은 인문주의자들로서 츠빙글리의 지도하에서 '예언모임'이라는 원어 성경공부 그룹에 소속된 자들이었다. 그들이 츠빙글리와 결별하게 된 원인은 종교개혁을 추진하는 데 있어서 세속권력의 역할에 대한 견해 차이에 있었다. 츠빙글리는 시의회와 손을 맞잡고 가야 한다고 보았고, 그의 제자들은 교회개혁에 있어서 세속권력의 개입을 반대하였다. 이러한 차이는 결국 양측의 교회론의 차이에서 비롯된 것이었으며, 곧 유아세례의 문제가 가장 근본적인 쟁점이 되었다. 당시에는 태어난 아이가 유아세례를 통하여 교인이 되는 동시에 시민이 되었다. 즉, 유아세례는 교회와 국가를 한데 묶어주는 매개의 역할을 하였기 때문에, 츠빙글리의 젊은 제자들은 교회개혁의 첫걸음으로 유아세례의 철폐를 꼽았다. 그들에게 있어서 교회는 자발적인 신앙고백을 한 각 개인들, 즉 믿는 자들의 자발적 모임이었다. 그들이 추구하는 교회는 그 지역의 모든 사람들이 태어나면서 유아세례를 통하여 자동적으로 교인이 되는 영역교회, 혹은 국가교회가 아니라 그리스도를 주로 고백하는 자들로 이루어지는 '신자의 교회'였다. 그들은 교회타락의 근본적인 원인을 윤리적 타락이나 신학적 타락에서 찾기보다는 교회의 정체성 상실에서 찾았다. 교회의 정체성 상실은 콘스탄티누스 황제가 집권하였던 4세기 초부터 시작된 국가와 교회의 합일에서 비롯되었다는 것이다. 그들 역시 다른 종교개혁가들과 마찬가지로 중세교회의 윤리적·신학적 문제의 심각성에 대하여 공감을 하였지만, 그보다 더 근본적인 문제는 교회론의 문제라고 생각하였다. 그들이 주류 종교개혁 운동에서 이탈하여 자신들의 교회를 세운 이유는 바로 여기에 있었다.

츠빙글리와 결별의 길을 간 그의 제자들은 1525년 초부터 신앙고백을 근거로 하는 그들의 교회를 따로 세우기 시작하였다. 나중에 '스위스형제단'으로 불리게 된 그들의 초기 지도자들은 콘라드 그레벨, 조지 브라우록, 펠릭스 만츠 등이었다. 그들은 초기에는 주로 스위스와 남독일 지역에서 활동하였으며, 많은 서민 계층의 사람들로부터 호응을 얻었다. 그러나 그들은 곧 극심한 박해에 직면하게 되었으며 그 박해는 가톨릭과 개신교 양쪽으로부터 동시에 가해졌다. 그들 가운데 초기의 지도자들은 운동이 시작된 지 3년 만에 거의 순교했을 정도였다. 초기 지도자들의 조기 사망은 이 운동에 심각한 타격을 주었다. 우선 그들의 사상을 정리하는 작업이 제대로 이루어지지 않았고, 지도력 부재로 인하여 잘못된 방향으로 흘러가거나 극단적 종말사상에 빠져서 운동의 근본적 목표를 상실하는 경우도 나타났다. 그 대표적인 예가 바로 '뮌스터 스캔들'이었다. 극단적 종말사상에 빠진 자들이 뮌스터를 새 예루살렘이라고 주장하면서 폭력적 방법으로 점거했던 이 사건은 재침례교 운동의 이미지에 심각한 타격을 주었다. 사실 뮌스터 사건을 일으켰던 자들의 사상은 재침례교의 사상과는 정반대되는 것이었지만, 이 사건은 역사적으로 두고두고 교회사가들이 재침례교 운동을 부정적으로 그리거나 무시하는 계기를 만들어 주었다. 종교개혁사에서 이들에 대하여 본격적으로 정당한 평가가 이루어지기 시작한 것은 20세기 중반 이후부터였다.

그러나 재침례교 운동은 16세기를 통하여 살아남았으며, 유럽의 각 지역에서 그들의 공동체들이 명맥을 이어갔다. 그들이 주로 살아남았던 지역은 당시에 상대적으로 종교 박해가 덜했던 네덜란드와 모라비아였다. 특히 그 다음 세대로 가면서 메노 시몬스와 같은 지도자들에 의하여 재침례교회는 어느 정도 기틀을 닦게 되었다. 초기의 재침례교도들은 17세기 이후로 러시아 등지를 거쳐 미국과 캐나다에 많이 정착하게 되었다. 그들 가운데 오늘날까지 존속한 주요 그룹 가운데는 공동생활의 전통을 이룩한 모라비아의 후터라이트 공동체가 있고, 메노 시몬스를 중심으로 네덜란드에서 형성된 메노나이트 공동체가 있다. 특기할 만한 것은 현대에 와서는 아프리카 지역에서 메노나이트 공동체의 성장이 뚜렷이 나타나고 있다는 점이다.

재침례교운동의 신학적 특징은 무엇보다도 교회론에 있다. 국가교회를 배격하고 신자의 교회를 추구하면서 신약성서의 원시기독교로 돌아가고자 하는 것이 그들의 염원이었다. 그런 관점에서 그들은 유아세례를 배격하고 신자의 침례(세례)를 주장하였으며, 정교분리와 완전한 종교자유를 주장하였다. 어떠한 경우에도 개인의 양심의 자유가 침해되어서는 안 되며, 개인의 신앙이 강요되어서는 안 된다고 보았다. 국가는 오직 시민들의 질서와 공익을 위하여 존재하는 것이며 교회의 일에 개입해서는 안 되었다. 그들이 특히 강조하였던 것은 제자도의 개념이었는데, 그들에게 있어서 그리스도의 제자란 어떤 특정한 사람에게 국한된 것이 아니라 모든 믿는 자들에게 해당된다고 하였고 교인이 된다는 것은 곧 제자가 됨을 의미하였다. 교인이란 단순히 신앙고백을 한 자에 머무르는 것이 아니라 세상 안에서 제자로서의 사명을 다해야 한다는 것이다. 16세기에 제자도를 교회의 표시로 삼은 것은 재침례교운동의 중요한 특징이 되었다. 또 하나의 중요한 그들의 사상은 평화주의였다. 그들은 산상수훈에 근거하여 기독교인은 어떤 경우에도 전쟁과 폭력을 정당화해서는 안 된다고 하였다. 재침례교의 평화주의 사상은 현재 정당전쟁 이론의 뚜렷한 대안으로 떠오르고 있다. 16세기 당시에는 기독교인이 공직자가 되는 것을 반대하였는데 그것은 당시의 상황에서 공직자는 평화주의를 완전히 지킬 수 없고, 또 유아세례를 반대할 수 없는 입장에 있었기 때문이었다. 그들은 마태복음 18장에 근거하여 교인의 윤리적 도리를 반복해서 지키지 못할 때 출교의 제도를 두었다. 이것은 교회의 순수성을 지속적으로 지켜가기 위한 노력의 일환이었다. 그들은 세상 속에 있는 교회를 고난의 교회라고 하면서, 그리스도의 제자들은 세상과 타협해서는 안 되며 교회는 세상에 의하여 영향을 받아서는 안 된다고 강조하였다. 16세기 재침례교의 이상은 자유교회 전통의 특징이 되었고, 현대의 많은 자유교회 교단들에게 지속적으로 영향을 주고 있다.

16~17세기의 영국에서 시작된 교단들

영국국교회 혹은 성공회(Church of England)

영국의 종교개혁은 외형적으로 왕과 여왕들의 주도하에 일어나기는 했지만, 영국 사람들은 이미 종교개혁을 기대할 만한 여러 가지 전조들을 경험했다. 영국의 인문주의, 위클리프와 롤러디의 전통, 영어성경, 영국의 독립성, 중앙집권적 왕권 수립 등은 영국의 교회가 로마가톨릭교회와 결별하고 새로운 종교적 상황을 맞이할 수 있는 분위기를 무르익게 하였다. 리치몬드의 헨리는 장미전쟁에서 승리하여 영국의 내전을 종식시키고 헨리 7세로 왕위에 오르면서 중앙집권적 왕권을 강화시켰다. 둘째 아들 헨리 8세는 원래 성직자가 되도록 교육을 받은 자였지만 그의 형이 요절하면서 왕위를 계승하게 되었다. 그는 정략적으로 형의 아내였던 아라곤의 캐서린을 아내로 맞아 딸 메리를 두었으나 자신의 뒤를 이을 아들이 없어 결국 이혼을 원하게 되었다. 가톨릭은 이혼을 허용하지 않았으므로 결혼무효를 교황에게 의뢰했지만, 당시 교황은 캐서린의 조카였던 신성로마제국 황제 찰스 5세와의 관계를 고려하여 이를 허용하지 않았다. 이에 헨리는 토마스 크랜머의 도움을 받아 일방적으로 결혼무효를 선언하게 되었고, 악화된 교황과의 관계는 영국 교회로 하여금 교황과의 관계를 청산하는 방향으로 급선회하게 만들었다. 1534년의 수장령은 영국의 교회가 로마가톨릭교회로부터 공식적으로 절연하는 마지막 절차였다. 그것은 영국의 왕이 영국교회의 수장이 된다고 선언한 것이었으며, 곧 영국교회에 대한 교황의 권위를 배제하는 것이었다. 헨리 8세는 신앙적으로는 지극히 가톨릭적인 자였지만 그가 궁극적으로 원한 것은 영국교회에 대한 교황의 권위를 왕권으로 대신하는 것이었다. 그의 진정한 의도는 수도원을 해산하고 그 재산을 왕가로 귀속시킨 데서 부분적으로 나타나며, 캐서린 사후에 '6개 조항'을 발표하여 영국교회가 신학적으로는 거의 가톨릭으로 복귀한 데서 잘 나타난다.

그 이후 에드워드 6세, 메리 여왕, 엘리자베스 여왕의 집권이 이어지면서 영국은 로마가톨릭교회와 개신교의 중간 형태인 영국국교회 혹은 성공회의 방법으로 종교개혁을 완수하였다. 에드워드 6세 때에는 크랜머의 노력으로 개신교적인 성향이 강한 개혁 프로그램으로 공동기도문과 '42개 조항'의 신앙 기준이 마련되었고, 영국의 모든 교회는 그에 따르도록 일치 령이 공포되었다. 이는 영국에서의 종교개혁이 개신교적으로 방향이 잡혔음을 의미하였다. 그러나 1553년 에드워드의 때 이른 죽음으로 영국교회의 운명은 당분간은 '피의 메리'에 달 리게 되었다. 캐서린의 딸이었던 그는 영국교회가 다시 가톨 릭으로 복귀하도록 서서히 조처를 취하기 시작하였고, 크랜머 를 비롯하여 개신교 지도자들에 대한 대대적인 탄압을 시행하 였다. 이 기간에 수많은 개신교 지도자들이 옥에 갇히거나 처 형당했고 더 많은 이들은 대륙으로 망명하였다. 에드워드 때 의 모든 개신교적 개혁이 거의 수포로 돌아갔다. 그러나 메리 의 집권도 1558년에 그의 죽음으로 끝이 났다. 엘리자베스의 집권은 영국교회에 새로운 방향을 제시하였다. 그는 종교적으 로 개신교에 가까웠지만 더 큰 관심사는 정치적 안정이었다. 그가 택한 정책은 소위 중도정책으로서 가톨릭과 개신교의 중 간 형태를 취하는 것이었다. 엘리자베스의 장기적인 집권과 소위 '엘리자베스의 타결'이라는 종교적 중도정책은 영국교회 가 영국의 독특한 방식으로 뿌리를 내리는 데에 결정적인 역 할을 하였다. 엘리자베스는 1559년에 '신 수장령'을 발표하여 자신이 영국교회의 최고 통치자임을 천명하였고 교회의 제도 와 신학의 중도적 노선에 입각하여 '공동기도문'과 '42개 조항' 을 개정하였으며 '신 일치령'을 통하여 왕을 중심으로 하는 영 국교회의 제도적 일치를 세워갔다. 영국국교회는 로마가톨릭교회를 어느 정도 개혁하는 모습을 띠었지만, 독실한 개신교도들에게는 여전히 미흡한 수준이었다.

엘리자베스의 중도적 개혁은 정치적으로는 안정을 가져왔지만 종교적으로 진지한 자들에게는 여전히 불만의 원인이 되었다. 영국 내의 가톨릭교도들은 변화된 상황이 불만족스러울 수밖에 없었고 호시탐탐 로마교회의 회복을 노리고 있었지만 소수파로 전락하였다. 또 어떤 이들은 영국교회가 여전히 덜 개혁되었다고 생각하고 신학과 예전에서 가톨릭적인 요소를 지속적으로 배제하면서 교회를 정화하려고 하였다. 그들은 영국국교회 내에서 교회를 보다 개신교적인 방향으로 개혁하려고 한 청교도들이었다. 그들은 신학적으로 대개 칼빈주의자들이었고, 제네바의 개혁을 영국에서 실현하고자 하는 것이 그들의 목표였다. 이를 위하여 그들은 제도권 안에서 다각적인 정치적 노력을 하였으나 그들의 꿈은 영속적으로 이루어지지 못하였다. 그들 가운데 어떤 이들은 기존의 교회 안에서는 더 이상의 개혁이 불가능하다고 생각하고 국교회에서 분리하여 자신들이 원하는 형태의 교회를 독립적으로 설립한 자들이 있었는데 바로 분리주의자들이었다. 로버트 브라운의 파이어니어 교회, 프란시스 존슨의 에인션트 교회, 존 로빈슨의 필그림 교회는 대표적인 초기의 분리주의 교회들이었다.

16세기 영국국교회의 형성은 종교적인 목적보다는 정치적인 목적을 가지고 시작되었고 완성되었다. 가톨릭교회의 감독주의를 여전히 고수하기 때문에 '감독교회'로도 불리며 한국에서는 주로 '성공회'로 불린다.

장로교회

장로교회(Presbyterian Church)는 츠빙글리에서 칼빈으로 이어지는 스위스의 개혁교 전통에서 나온 교단이다. 칼빈의 제네바 교회는 대체로 장로주의에 입각하여 세워진 교회였으며, 장로교는 그 전통에 따라 유럽의 여러 지역에서 거의 동시에 발전하였다. 장로교는 신학적으로는 칼빈주의, 정치적으로는 장로주의에 입각한 교단이다. 장로주의는 가톨릭교회의 일인 감독주의를 배격하고 회중의 위임을 받은 교직자들에 의하여 교회의 일을 처리하는 것을 말한다. 전술되었듯이 장로주의는 프랑스의 위그노파, 네덜란드 개혁교회, 스코틀랜드의 장로교회, 영국의 청교도들에 의해 계승되어 각 지역에서 발전하였다.

프랑스의 위그노교회는 프랑스의 가톨릭 정책에 따라 극심한 박해의 대상이었다. 소위 1572년 성 바돌로메의 날에 있었던 개신교도 학살사건은 그 대표적인 사례라 하겠다. 그 후 1598년의 낭트칙령은 그들에게 일시적 자유를 부여하였으나 루이 14세의 개신교 말살정책에 따라 그들의 고난은 계속되었다. 그들이 자유를 얻게 된 것은 프랑스 혁명 이후에야 가능하였다. 그들은 19세기에는 교단의 분열을 경험하였으나 20세기 초에는 '프랑스 개혁교 전국연합'을 형성하기에 이르렀다. 스페인의 왕정에 의하여 지배를 받고 있었던 네덜란드의 상황도 초기의 개신교도들에게 쉽지 않았다. 네덜란드의 개혁교회는 프랑스의 경우와는 달리 정치적인 성공을 통하여 안정을 취하게 되었다. 당시의 스페인 왕이었던 필립 2세에 대항하여 네덜란드 북부지역을 정치적으로 독립시켜 오늘날의 네덜란드가 되게 한 것은 오렌지공 윌리엄의 활약에 의해서였다. 개혁교회는 그곳에서 국가교회로 자리를 잡았지만, 윌리엄은 그들의 이상과는 달리 종교적 관용정책을 폈으며 그곳은 각 지역에서 박해를 피하여 온 자들의 보금자리 역할을 하게 되었다. 이것은 개혁교 전통에 있는 교회들이 제한적이나마 종교자유의 사상에 눈뜨기 시작한 계기가 되었다. 네덜란드 개혁교회 역시 장로주의를 채택하였지만 하나의 독립된 교단을 형성하였다.

16세기 전반기의 스코틀랜드에도 이미 종교개혁이 이루어질 만한 분위기와 여건들이 마련되고 있었다. 롤러디와 후스파의 영향이 오래 전부터 있었고, 16세기에 와서는 법으로 개신교 신앙의 유포가 금지되어 있었음에도 불구하고 은밀하게 개신교 저작물들이 널리 읽히고 있었다. 또 많은 사람들이 독일에 가서 루터를 비롯한 개신교 종교개혁가들의 영향을 받고 그들의 사상과 저작들을 가지고 귀국하여 개신교 사상을 가르치기 시작하였다. 그러한 자들 중에서 패트릭 해밀턴과 조지 위셔트는 대표적인 인물이었으며, 특히 그들의 순교는 많은 개신교도들에게 자극을 주었다. 이들의 죽음에 대한 보복으로 일단의 개신교도들이 성 앤드루의 대주교 제임스 비튼을 성

밖으로 던져 살해한 사건은 성 앤드루 성이 스코틀랜드의 개신교 세력의 거점이 되는 계기가 되었다. 여기에 존 녹스라는 인물이 등장하여 그들의 목회자가 되었고, 결국은 스코틀랜드 개신교 종교개혁의 주 대변인이 되었다. 녹스는 이후 만만치 않은 정치적 상황에 밀려서 영국을 거쳐 스위스를 방문하면서 칼빈, 불링거 등과 교제하였다. 1559년 스코틀랜드의 개신교 세력은 녹스의 복귀를 요청, 녹스는 다시 스코틀랜드로 돌아와 개신교 세력의 결집을 지탱하는 역할을 하였다. 이때 그가 추종자들과 함께 세운 '스코틀랜드 개혁교회'는 후일 장로교의 제도와 유사한 것이었다. 녹스는 신학적으로 칼빈주의에 입각한 「스코틀랜드 신앙고백서」를 국가의 신조로 채택하고, 「제일 권징서」와 「공동예배의식서」를 마련하여 1564년 국회의 승인을 받기에 이르렀다. 이러한 녹스의 기초적인 작업은 녹스 사후에도 잘 계승되어 갖은 정치적 변동에도 불구하고 1690년 이후로는 스코틀랜드에 장로교 제도가 흔들림 없이 안착하게 되었다.

영국에서는 영국국교회 안에서 청교도들의 지속적인 교회 정화 노력이 전개되고 있었다. 전부는 아니지만 많은 청교도들은 장로주의를 지향하고 있었으며 토마스 카트라이트는 그 대표적인 자였다. 그러나 엘리자베스 여왕 시대에는 그들의 노력이 거의 결실을 맺지 못했고, 그들이 기대를 걸었던 제임스 1세 역시 그들에게 실망만 안겨주었다. 찰스 1세 때에는 그의 실정에 편승하여 올리버 크롬웰의 의회군이 일으킨 혁명을 통하여 한동안이지만 마침내 장로파 청교도들이 정권을 잡게 되었다. 1642년에는 감독주의를 폐지하고 웨스트민스터 회의를 소집하였으며, 거기서 작성된 주요 문서들 중에는「웨스트민스터 신앙고백서」(1646)와「웨스트민스터 요리문답서」(1647)가 있다. 이 문서들은 이후의 장로교 전통에 가장 중요한 신앙과 예전의 지침서들이 되었다. 그러나 정치적 상황은 그렇게 긍정적이지 않았다. 장로파 청교도들이 의회를 장악하였지만 실질적인 통치는 크롬웰과 그의 군대에 의하여 주도되었기 때문이었다. 크롬웰은 그의 군대의 상당수를 차지하고 있는 개신교 독립파들을 위하여 광범위한 종교관용 정책을 폈다. 이러한 상황에서 청교도들은 영국에서 장로주의를 제도화하는 일에 성공하지 못했다. 찰스 2세 때는 다시 국교회가 회복되었고 장로파 청교도들의 정치적 상황은 더욱 악화되었다. 이후로는 많은 청교도들이 국교회를 이탈하기 시작하였다. 결국 장로파의 정치적 성공은 영국에서 거의 불가능해졌다.

미국의 장로교회는 영국과 스코틀랜드를 비롯한 유럽의 각 나라에서 이민 온 자들에 의하여 시작되었는데, 주로 중부 식민지에서 발전하였다. 그리고 19세기 초에는 미국에서 가장 영향력 있는 교단 중 하나가 되었지만, 신학적 노선과 노예제도를 둘러싼 갈등으로 남북 장로교로 나뉘고 말았다. 그들은 여러 차례 통합을 위한 노력을 하였으나 120여 년 뒤인 1983년에 이르러 드디어 '미합중국 장로교회(PCUSA)'로 통합하게 되었다. 한국의 장로교는 1885년 미국 북장로교의 선교사 언

더우드의 도착으로 시작되었는데 그 직후에 호주 장로교, 남장로교, 캐나다 장로교에서도 각각 선교사들을 파송함에 따라 서로간의 선교적 마찰이 생기게 되었다. 이를 해결하는 방안으로 '선교사공의회'를 조직(1893)하고 선교구역을 분할하였다. 이 네 선교부는 결국 1907년 평양 장대현교회에 함께 모여서 '독노회'를 설립하면서 단일교단을 형성하였고 오늘날 한국 장로교회의 기틀을 마련하였다. 장로교회의 신학적·제도적 특징은 앞에서 이미 설명한 칼빈의 종교개혁에서 시작된 개혁교의 일반적 전통에서 크게 벗어나지 않는다.

침례교회

16세기에 시작된 자유교회의 전통이 근대사회에 이르러 기독교의 중요한 한 축을 형성할 수 있게 된 것은 17세기 영국에서 시작된 침례교(Baptists)에 의해서였다. 첫 번째 침례교도들은 청교도들 가운데 영국국교회 내에서의 개혁이 불가능함을 인식하고 스스로 분리하여 독립적인 교회를 설립했던 분리주의자들 가운데서 나왔다. 분리주의 전통에 있었던 그들은 또 다른 분리를 시도한 셈인데, 그것은 교회에 대한 새로운 이해에 연유하였다. 그들의 교회에 대한 새로운 이해는 완전히 새로운 것이 아닌, 16세기 재침례파의 교회에 대한 이해와 흡사한 것이었다. 특기할 만한 것은 그 시작이 서로 다른 두 개의 독립된 무리들에 의하여 이루어졌으며, 그 시작의 시기도 조금 다르다는 것이다.

첫 번째 침례교회는 당시의 대표적인 분리주의교회들 중의 하나로 존 로빈슨이 목회하였던 게인스보로교회의 한 무리에서 비롯되었다. 1607년경에 그 교회는 평화적 분리를 하였는데, 새로 분리된 스크루비교회는 로빈슨이 주도하였고 남은 게인스보로교회는 그 교회에 나중에 가입했던 존 스미스가 주도하였다. 이 두 교회는 비슷한 시기에 박해를 피하여 네덜란드로 이주를 하게 되었는데 첫 번째 침례교회는 스미스의 무리들이 암스테르담에서 '신자의 교회'를 설립하면서 시작되었다. 그들은 유아세례가 아니라 자발적 신앙고백을 근거로 하는 신자의 침례를 통하여 새로운 교회를 세웠다. 영국 땅에서의 최초의 침례교회는 1612년경에 이들 중에서 토마스 헬위스와 그의 일행이 다시 영국으로 돌아가서 런던에 설립한 교회였다. 이 교회는 나중에 '일반침례교회'로 알려졌는데 그것은 그들이 그리스도의 피는 모든 사람을 위하여 흘려졌다고 믿는 '일반속죄론'을 받아들였기 때문이었다.

침례교의 또 하나의 시작은 헨리 제이콥이라는 반半분리주의 청교도가 세운 JLJ 교회에서 비롯되었다.[9] 1616년에 설립된 이 교회는 아직 침례교회가 아니었고 국교회로부터 완전히 분리되지 않았던 독립회중교회였다. 1630년대에 이 교회로부터 몇 차례의 분리의 사건들이 있었는데, 그 중에 1638년에 존 스필스베리를 중심으로 분리해 나간 무리들이 구체적으로 유아세례를 반대하고 신자의 침례를 주장하면서 새로운 교회를 설립한 것이 또 다른 침례교의 시작이 되었다. 이 무리는 당시 영국 청교도의 칼빈주의적 성향에 따라 그리스도의 피는 특별히 택자를 위해서만 흘려졌다고 믿는 '특수속죄론'을 주장하였기 때문에 '특수침례교'라는 이름을 얻게 되었다.

영국의 일반침례교와 특수침례교는 1891년에 통합하기까지 각각 독립적으로 발전하였으며, 신학적으로 칼빈주의와 아르미니우스주의의 뚜렷한 차이점을 가지고 있었다. 두 교단은 박해가 극심했던 17세기에는 꾸준한 성장세를 보이다가 1689년의 '종교관용령' 이후부터 18세기 전반부까지 내부적 진통을 겪으면서 쇠퇴하는 위기에 처하였다. 반전이 일어난 것은 웨슬리의 부흥운동에 자극을 받으면서였다. 특히 영국 침례교는 1792년에 설립된 '침례교 선교회'와 윌리엄 캐리의 활약으로 근대 개신교 선교운동의 기폭제 역할을 하기도 하였다. 1891년의 양교단의 통합은 신학적 차이를 극복한 쾌거였다.

미국의 침례교는 주로 영국에서 건너온 침례교도들에 의하여 세워졌는데 최초의 침례교회는 1639년에 로저 윌리엄스가 설립한 로드아일랜드의 프로비던스교회였다. 18세기 초까지 미국의 침례교는 식민지 곳곳에 산발적으로 세워진 독립된 소수의 지역교회들에 불과하였으나, 18세기의 대각성운동 이후 회중교회에서 넘어온 자들에 의하여 남부와 북부에서 급속도로 성장하였고 1800년경에는 신대륙에서 가장 큰 교단이 되기도 하였다. 1814년에는 해외선교를 목적으로 하는 전국 단위의 총회가 형성되었으나 다른 교단과 마찬가지로 노예제도에 대한 찬반 갈등으로 1845년에 남침례교와 북침례교로 분열하였다. 두 교단은 지금까지 독립적으로 발전해 왔는데, 20세기에 들어와서 남침례교는 괄목할 만한 성장을 이루어 미국에서 단일 개신교 교단으로는 최대의 교단을 형성하기에 이르렀다. 유럽대륙에서 침례교는 19세기에 이르러서야 비로소 본격적으로 설립되기 시작했는데, 영국과 미국의 침례교회들의 선교활동과 함께 '대륙 침례교의 아버지'라고 일컬어지는 요한 온켄과 함부르크 침례교회의 헌신적 선교사역의 결과에 기인하였다. 한국에서는 19세기 말부터 말콤 펜윅이라는 독립선교사에 의하여 처음으로 침례교가 시작되었으며, 1950년대 초부터 미국 남침례교와 교단적 교류를 해왔다.

침례교와 다른 개신교 교단들과의 차이점은 역사적으로 교회를 어떻게 정의하는가에 있다고 단적으로 말할 수 있다. 16세기의 주요 종교개혁가들의 신학적 관심은 구원론에 있었지 교회론에 있지 않았다. 그들의 주 관심사는 가톨릭의 반半펠라기우스적 구원론에 대하여 아우구스티누스적 구원론을 제기하는 것이었다. 동시대에 교회의 정체성에 대하여 심각한 방향 전환을 시도하였던 무리는 앞에서 언급한 대로 재침례교도들이었다. 이러한 역사적 맥락에서 침례교는 17세기 영국에서 그와 유사한 관심사를 가지고 시작되었다. 교회론의 관점에서 본다면 재침례교와 침례교는 차이점을 발견하기가 거의 어려울 정도이다. 침례교 역시 유아세례가 아니라 '신자의 침례'를 근거로 하는 '신자의 교회'를 신약성경에 나타난 사도들의 교회라고 보았으며 철저한 정교분리와 완전한 종교자유를 표방하였다. 가장 초기의 침례교 신앙고백서들은 이러한 자유교회 전통의 기본적 특징들을 그대로 보여주고 있다. 교회정치의 형태는 전신자제사장의 이론을 반영하는 회중주의를 지향하였으며 지역교회의 자치주의를 중요시하였다. 그들은 지역교회 위에 군림하는 어떠한 기구나 조직도 인정하지 않았으며 지방회와 총회는 교회 간의 교제와 공동사역의 장으로 이해하였지 권위기관으로 보지 않았다. 그들은 역사적으로 신조를 만들지 않았으며 신앙고백서만 발표하였다. 성경이 아닌 어떠한 문서도 개인의 신앙에 대하여 구속력이 없다고 보았기 때문이었다. 신앙고백서는 항상 성경에 종속적이며 바뀔 수 있다고 보았다. 침례교의 직위는 목사와 집사 두 직위가 있다. 침례의 방식은 침수례인데 이것은 역사적으로 동교단의 대표적인 특징이 되었다.

침례교의 신학적 특성 중에 하나는 다양하다는 것이다. 침례교 안에는 다양한 신학이 공존한다. 영국의 침례교가 칼빈주의와 아르미니우스주의의 차이점을 극복하고 통합을 이룬 것이 그 예이다. 미국의 침례교는 처음부터 신학적으로 여러 성향의 사람들이 같은 교회 안에서 공존하는 형태로 시작되었으며, 대체로 칼빈주의와 아르미니우스주의가 융합되는 경향을 보여주었다. 침례교 안에는 극단적 칼빈주의자도 있고 극단적 알미니우스주의자도 있다. 다시 말하면 장로교적인 구원론과 감리교적인 구원론이 공존하는 곳이 침례교이다.

18세기의 감리교와 성결운동의 교단들

감리교회

18세기에 영국국교회에서 분립된 또 하나의 주요 교단은 감리교(Methodist Church)였다. 감리교는 무엇보다도 존 웨슬리의 탁월한 사역과 깊은 관련이 있다. 17세기에 분리주의 운동의 결과로 영국 땅에서 많은 교단들이 설립되었지만, 18세기에 이르러 또 하나의 주요 교단이 독립적으로 발전하게 된 것은 이례적인 일이었다. 감리교의 분리는 여느 교단들의 분리와는 그 양상이 달랐다. 어떤 기존 신학에 대한 반성이나 교회에 대한 이해의 차이에 따른 분리가 아니라, 하나의 신앙운동 혹은 영적 부흥운동의 결과로 자연스럽게 일어난 분리였다는 점에서 독특하였다. 특기할 만한 것은 감리교의 생성에 있어서 웨슬리의 역할이 거의 절대적이었지만 자신은 국교회를 떠나지 않았다는 점이다. 독립된 교단으로서의 감리교는 웨슬리의 추종자들에 의하여 미국과 영국에 각각 설립되었다. 웨슬리가 평생 동안 국교회에 소속되어 있었다는 것은 그의 신학과 사상이 기본적으로 국교회적인 배경에서 이해되어야 함을 시사한다.10)

18세기의 감리교운동이 일어났던 당시의 영국은 종교적으로 침체되어 있었던 시기였다. 18세기 초까지 국교회를 포함한 영국의 여러 개신교 교단들은 영적인 활기보다는 교리 논쟁에 빠지고 종교적 형식주의에 빠지는 경향이 있었다. 교회들은 사람들에게 활력 있는 메시지를 전달하는 데 실패하고 있었고, 산업혁명이라는 새로운 사회적 변화에 적절한 대응을 못하고 있었다. 농촌을 떠나 도시빈민이라는 새로운 계층을 형성했던 많은 공장 노동자들에 대해 교회는 속수무책이었다. 농촌의 교회들은 교인들을 잃고 도시의 교회들은 그들에 대한 어떤 대책도 없었다. 또 17세기 이후의 계몽주의적 철학사조들은 그 시대의 교회지도자들에게까지 심대한 영향을 미쳤다. 그 결과 영국의 대다수 기독교 교단들은 영적침체에 빠져 있었다. 이러한 때에 등장한 웨슬리와 그의 동료들에 의한 새로운 부흥운동은 영국의 기독교 전체에 참신한 도전을 던져주었고 영적 각성의 계기를 마련해 주었다.

존 웨슬리는 1703년 영국 링컨사에서 교구 목사의 15번째 아들로 출생, 어릴 때부터 부모로부터 종교적으로 깊은 영향을 받으며 성장하였다. 5세 때 화재에서 극적으로 구출된 사건은 어릴 때부터 그로 하여금 하나님의 소명을 진지하게 생각하게 하였다. 그는 옥스퍼드 대학에 진학한 뒤 동생 찰스 웨슬리와 조지 휫필드 등과 함께 '신성클럽' 혹은 '메소디스트'라고 불렸던 소그룹 활동을 시작하였다. 메소디스트라는 말은 그들의 삶의 방식이 원칙과 격식에 따라 판에 박힌 듯했기 때문에 붙여진 이름이었다. 이 활동은 나중에 메소디스트 운동이 소그룹 운동으로 전개되는 데에 귀중한 경험이 되었다. 1735년 웨슬리는 당시 식민지였던 신대륙의 조지아에 파견되었는데, 배에서 만난 모라비아 교도들에 의하여 새로운 영적 도전을 받았다. 조지아 사역에서 실패하고 영국으로 돌아온 웨슬리는 모라비아 교도인 피터 뵐러를 만나고 독일의 모라비아 공동체를 방문하면서 그들의 경건한 영성에 눈뜨게 되었다. 웨슬리는 휫필드의 사역에 동참하게 되었으나 곧 신학적인 차이로 인해서 결별하고 독자적인 길을 가게 되었다.

웨슬리는 계속해서 그의 감리교운동을 확장시켜 갔다. 그러나 그는 한 번도 이 운동을 독립된 교단으로 생각한 적이 없었고 또한 그럴 의도도 없었다. 그는 계속해서 성공회의 미사에 참석하는 일을 중요하게 생각하였고, 감리교 그룹은 개인들의 신앙을 돕고 궁극적으로는 교회를 돕는 사설단체라고 생각하였다. 웨슬리의 탁월함은 커져가는 운동을 조직화하는 일에서도 잘 나타났다. 그는 '속회'라는 소그룹을 기본단위로 하는 '신도회'를 구성하고 여러 신도회들을 지역별로 묶어 '순례

구역'을 조직하였으며 '감리사'를 파견하여 돌보았다. 이 모든 단위모임들이 합쳐져서 '감리교연합회'가 형성되었다. 이러한 제도는 지역에 따라 조금씩 변형되기도 하였지만 지금까지 감리교 교단 구조의 기본 골격을 형성하고 있다.

웨슬리의 의도와는 달리 감리교운동은 결국 독립된 교단으로 발전하게 되었다. 웨슬리는 팽창하는 사역의 필요에 따라서 설교자들을 안수하여 사역지로 파견하였다. 처음에는 성공회와의 마찰 때문에 꺼렸지만 결국 곳곳에서 사역자들을 필요로 하였기 때문에 어쩔 수 없는 상황이었다. 사역자들을 세우는 활동은 감리교운동이 국교회와 독립하는 첫 단계였다. 공식적 교단이 먼저 발족된 것은 영국보다는 미국에서였다. 미국에서도 이 운동은 활발하게 전개되고 있었는데, 웨슬리에 의하여 감리사로 파송된 토마스 코우크와 프란시스 애스베리는 미국에서 감리교 교단이 형성되는 데 결정적인 역할을 하였다. 그들이 웨슬리의 뜻과는 달리 스스로를 감독(bishop)으로 부르기 시작하면서 미국 감리교는 감독주의의 방향으로 나아가게 되었고 영국의 감리교운동과는 독립된 노선을 견지하게 되었다. 미국 감리교회는 남북전쟁으로 남북 감리교로 분열되었다가 다시 합동하여 '연합감리교(UMC)'를 형성하였다. 영국에서는 횟필드의 칼빈주의적 감리교운동의 결과로 1779년에 '헌팅턴 부인의 연합회'라는 독립된 교단이 형성되었고 후에 '웨일즈 감리교'가 되었다. 웨슬리 그룹도 웨슬리가 1791년 타계한 후 결국 국교회와 결별하고 독립된 교단을 형성하였다. 우리나라의 감리교는 1884년 미국 북감리교의 일본주재 선교사 R. S. 맥클레이와 헨리 아펜젤러가 와서 세웠다.

감리교 전통에 있는 교회들은 그 교리적·신학적 논거를 웨슬리의 가르침에서 찾는다. 그의 가르침은 기본적으로 영국국교회의 가르침에서 비롯되었다. 흔히 웨슬리의 신앙적 표준을 '사중표준'이라는 말로 설명을 한다. 국교회가 교리와 신학을 구성하는 세 가지 표준을 성경, 이성, 그리고 교회의 전통에 두는데 웨슬리는 여기에 경험을 추가하여 신학의 '사중표준'으로 삼았다. 웨슬리에게 있어서 성경은 신앙생활을 규정하는 최고의 권위였으며 기독교 신학의 가장 기본적이고 일차적인 자료였다. 웨슬리는 또한 성경의 이해와 해석을 돕고 보완하는 이차자료로서 교회의 전통을 중요시하였다. 또 성경과 교회의 전통을 이해하는 데는 반드시 인간의 이성이 유용하게 쓰인다고 보았다. 이성은 영적인 진리를 수용하는 데 도움을 주고 신앙의 광신주의와 불건전한 신비주의에 빠지지 않게 한다는 것이다. 웨슬리는 여기에 더하여 신앙의 경험을 중요시하였다. "성경에 계시되고 전통에 의해 조명되며 이성에 의해 확고해진 복음의 진리"는 실질적인 신앙의 경험을 통하여 생동감을 얻는다고 하였다.[11] 웨슬리가 신앙의 경험을 중시한 것은 이후의 감리교의 중요한 신앙적 특징이 되었고, 그것은 감리교에서 비롯된 여러 성결운동의 교단들에게도 동일하게 적용된다. 웨슬리 신학의 또 하나의 특징은 그의 구원론과 성화론에서 잘 나타난다. 그는 우선 구원은 전적으로 하나님의 은총에서 비롯된다고 전제하고 동시에 그 은혜를 받아들이는 인간의 자유로운 선택과 책임을 강조한다. 이 점에서 웨슬리의 구원론은 아르미니우스의 사상에 가까운 것이었다. 그는 또 구원을 칭의 사건과 성화 사건으로 나누었다. 그는 또 구원을 칭의의 사건에서 시작하여 성화의 과정을 포함하는 것으로 이해하였다. 웨슬리의 성화론은 극단적인 은총론의 결과로 야기될 수 있는 '값싼 은혜'의 개념을 경계한 것으로 평가된다. 웨슬리는 또한 초기부터 복음의 사회적 책임을 강조하여 감리교운동의 중요한 유산이 되게 하였다. 웨슬리의 신학과 교리에 대한 설명은 주로 그의 신약성경 주해와 설교집에 포함되어 있다. 또한 감리교 교리가 가장 잘 요약되었다고 평가받아 온 감리교 찬송집도 감리교 교리의 표준이 되어왔다.[12]

웨슬리의 감리교운동이 성공적으로 발전한 이유들은 다음과 같이 말할 수 있다. 우선 산업혁명의 결과로 도시에 모여든 당시의 소외계층이었던 노동자들에 대한 사역의 필요를 잘 인식하고 적절히 대처했기 때문이었다. 그의 복음운동과 산업도시에서의 사회운동이 적절히 조화를 이룬 것도 성공적 사역의 중요한 원인이 되었다. 그의 조직력도 한몫하였다. 감리교운동의 핵심적인 특징은 그것이 소그룹 운동이었다는 점이다. 소그룹을 통한 교육과 영성 훈련을 강조한 것은 당시의 교회 상황에서는 사역의 주체를 뒤바꾸어 놓는 결과를 가져왔다. 사역의 주체가 고위성직자가 아니라 사역의 현장에서 활동하는 평신도 지도자들이었기 때문이다. 이것은 가히 혁명적인 것이었으며, 웨슬리 운동의 가장 중요한 영성과 사역의 방법을 보여준 것이었다. 이 운동의 과정에서 자연스럽게 탁월한 평신도 설교자들과 여성 사역자들이 배출된 것은 우연한 일이 아니다. 또 소그룹의 활동이 생활의 현장에서 이루어질 수 있었던 것과 "교육하지 않을 것이면 전도하지 않겠다"라는 복음 전도 이후의 양육 과정을 강조한 것도 이 운동의 지속적인 강점이 되었다. 무엇보다도 웨슬리의 개인적 영성과 복음의 열정이 이 운동에 심대한 영향을 주었다. 그가 경건한 영성을 중요시하는 동시에 그 영성이 실제로 사회 속에서 행동으로 나타나야 할 것을 강조한 것은 그를 따르던 모든 사람에게 영향을 주었으며, 그의 개인적인 삶의 모범은 많은 사람들에게 귀감이 되었다. 웨슬리의 가르침은 오늘날에도 교회 갱신을 생각하는 자들에게 한 표본을 제시하고 있음이 분명하다. 현재에도 교단을 초월하여 웨슬리의 영향은 지속적이다.

성결운동과 성결교회

19세기 이후로 웨슬리와 감리교의 전통에서 여러 현대의 교단들이 형성되었다. 이러한 현상들은 많은 이들이 감리교가 초기의 전통에서 벗어나고 있다고 느끼면서, 원래의 전통과 정신으로 돌아가기를 원하면서 일어나게 되었다. 특히 웨슬리의 성화에 대한 가르침과 성결한 삶의 비전을 회복하려고 한 것이 그들의 정신이었다. 이러한 정신이 구체화된 것이 곧 19

세기 말에서 20세기 초까지 활발하게 일어났던 '성결운동'이었다. 이 운동은 크게 두 가지 측면에서 그 발생 원인을 파악할 수 있다. 우선 19세기에 이르러 많은 신자들이 미국의 감리교회가 신학적 '자유주의'에 물들었다고 판단한 데 그 원인이 있다. 자유주의라는 말은 그 카테고리가 모호한 말이지만, 여기서는 대체로 계몽주의 시대 이후로 형성된 이성적·과학적 방법론들이 신학에 긍정적으로 도입되었던 상황을 반영하는 말이다. 많은 기독교인들은 이것이 기독교의 초자연성을 해친다고 보았다. 그렇기 때문에 신학적 보수주의는 성결운동의 기본적인 틀을 형성하였다. 성결운동의 또 다른 원인은 '도시화'라는 사회적 현상에 있었다. 원래 18세기의 감리교운동은 도시의 빈민들과 같은 저소득층을 중심으로 활발하게 일어났는데, 19세기 중후반에 이르러서는 서서히 그 중심이 도시의 중산층으로 옮겨가기 시작하였으며 저소득층에 대한 관심이 약화되었다. 성결운동이 초기에 도시의 저소득층을 중심으로 활발하게 일어났던 사실이 이를 반영한다. 영국의 '구세군' 설립도 감리교 내의 이러한 반성의 한 예가 될 것이다.

성결운동이 웨슬리의 성화와 성결의 정신에서 그 신앙적 유산을 찾을 수 있지만, 또 하나의 중요한 특징은 19세기 초에 있었던 부흥운동에서 찾을 수 있다. 그 기간에 피비 파머가 사랑 안에서 온전함을 이루는 것이 중생 이후에 일어나는 두 번째 축복이라고 주장한 것이 『성결로의 안내』라는 잡지를 통하여 널리 소개되었고, 그 시대의 탁월한 부흥운동가 찰스

피니도 유사한 가르침을 전파하였다. 부흥운동에서 일어났던 회심의 초청과 결신, 간증, 회심의 가시적 표적에 대한 관심 등은 곧 성결운동의 특징이었으며 이러한 특징들은 이 운동이 웨슬리의 신앙적 전통을 넘어서게 하였다. 신유의 경험에 대한 기대와 성화를 성령침례(세례)로 이해하는 것은 성결운동의 일반적 특징이 되었다. 1908년에 창설된 '나사렛 교회'는 이 운동이 낳은 대표적인 교단이며 20세기 초의 '오순절운동'도 성결운동에서 비롯된 또 하나의 독특한 신앙운동이었다.

한국의 성결교회 역시 19세기 후반에 미국에서 일어났던 성결운동의 한 뿌리에서 비롯되었다. 그렇기 때문에 원천적으로는 감리교회와 마찬가지로 영국의 존 웨슬리의 운동에 그 뿌리를 두고 있다. 이 운동의 주도적인 역할을 한 자들 중에서 마틴 냅과 셋 리스는 1897년에 '만국성결회'를 조직하였고, 이 단체에서 파송된 C. E. 카우만과 E. A. 킬보른 등이 1901년 일본에서 '동양선교회(OMS)'를 창설하였다. 한국 성결교회의 모체는 바로 이 선교회에서 비롯되었다. 이 선교회가 1907년 한국선교를 시작하면서 독립된 교파를 이루었다. 그렇기 때문에 한국의 성결교는 교단적으로 말한다면 자생적인 교단이다.

성결교의 신앙과 신학은 감리교와 마찬가지로 웨슬리의 전통에서 그 기본적 골격을 찾아야 할 것이다. 성결교 고유의 특성은 그러한 기본적 골격에 성결운동의 신앙적 특성들이 가미되어서 나타난다. 그들이 말하는 '사중복음'은 그러한 특성을 잘 설명해 준다. 사중복음은 곧 중생, 성결, 신유, 그리고 재림을 말한다. 중생은 칭의의 사건, 즉 구원을 말하며, 성결은 구원 이후의 거룩한 삶을 세워가는 것인데 곧 온전함을 이루는 성화의 과정으로 이해된다. 신유는 하나님의 은혜로 육체적 질병으로부터의 해방을 말하고, 재림은 성도들의 희망의 원천으로서 성결교는 특별히 전천년설을 믿고 있다. 사중복음에서 중생과 성결은 웨슬리 신학의 강조점을 그대로 계승한 것이며, 신유와 재림에 대한 강조는 19세기 성결운동에서 비롯된 것이다. 성결교는 또한 개인의 신앙고백을 중요시하기 때문에 감리교와는 달리 유아세례를 시행하지 않는 것이 특징이다.

오순절운동

성결운동에서 나온 또 하나의 주요 운동은 20세기 초부터 나타나기 시작한 '오순절운동(Pentecostalism)'이었다. 성결운동과 오순절운동은 보수적인 신학, 엄격한 도덕성, 그리고 믿음을 통한 신유를 중요시하였다는 점에서는 유사하였지만 성령강림의 교리와 방언의 교리는 후자에만 있기 때문에 그 차이가 서서히 뚜렷해지면서 분리된 운동으로 각각 발전하게 되었다.

오순절운동이 확대되기 시작한 것은 1906년 로스앤젤레스의 아주사 거리에서 흑인 부흥사인 윌리엄 시모어가 연속적으로 부흥집회를 개최한 이후였다. 그 부흥집회는 3년간 계속되었으며, 수많은 사람들이 그 집회에서 성령의 역사를 경험하면서 이 운동은 초 교단적이고 전 세계적인 운동이 되었다.

오순절운동은 처음부터 교단을 형성하려는 운동이 아니었지만 곧 다양한 교단들이 독립적으로 형성되었다. 또 이 운동의 초기에 참여하였던 많은 이들은 그들이 원래 속했던 교단을 떠나지 않고 자기 교단 내에서 그들의 '오순절적' 신앙방식을 유지하였고, 그들에 의해 많은 교단들이 오순절운동에 직·간접적으로 영향을 받게 되었다. 이 운동에 참여했던 자들 가운데는 칭의와 성화 이후에 일어나는 성령체험을 중시하여 그것을 성령침례(세례)라 하고 제2의 축복으로 이해하는 자들이 많이 생겨났으며, 그들은 1914년에 새로운 교단 '하나님의 성회'를 조직하였다. 이 교단은 오순절운동이 낳은 가장 큰 교단으로 성장하였다. 오순절운동은 지역과 지도자의 특성에 의하여 전 세계에서 다양한 교단들로 발전되었고, 한국에서는 '순복음교회'가 이와 유사한 오순절운동의 교단이다.

이 교단의 신학적 특징은 특히 '삼중구원'과 '오중복음'으로 요약되는 '전인구원의 교리'에 잘 나타난다. 삼중구원은 영혼의 구원, 질병으로부터의 치료, 제반 악으로부터의 해방을 말하는 것이고, 중생·성령 충만·신유·축복·재림을 말하는 오중복음은 성결교의 사중복음을 신학적으로 발전시킨 것이다. 전인구원의 근본 의미는 "하나님의 영역에서 사실적으로 속한 선은 인간이 자신의 삶의 영역에서도 당연히 추구해야 할 선"이라는 데 있다.[13] 오순절 계통의 교회들은 대체로 웨슬리의 구원론에 입각해 있고, 구원이 전적으로 하나님으로부터 오지만 인간의 편에서 당위적으로 해야 할 일들에 대해 강조한다.

에필로그

맨 앞에서 하나가 되려는 열망이 클수록 오히려 돌이키기 힘들게 분열할 수 있다는 식의 말을 하였다. 기독교 역사의 아이러니다. 바꾸어 말한다면 역설적으로 다양성을 인정하면 오히려 하나가 될 수 있다. '하나됨(one-ness)'을 이루기 위하여 '같음(same-ness)'이 반드시 전제될 필요는 없다. '같음'과 '하나됨'은 서로 다른 개념이다. 같다고 해서 하나가 될 수 있는 것이 아니며, 하나가 되었다고 해서 같아야 할 필요도 없다. 우리가 추구해야 하는 것은 '하나됨'이지 '같음'이 아니다. 서로 다르다는 사실, 다양하다는 사실은 주어진 현실이다. 그것을 인정하지 못하면 결코 하나가 되지 못한다. 부부가 하나가 되었다는 것은 같아진 것이 아니라 오히려 서로 다르다는 사실을 현실로 인정하고 받아들였다는 것을 의미한다. 다름에도 불구하고 하나가 된 것이다.

그러면 옳고 그름은 어떻게 되며 진리는 어떻게 지키는가? 하나가 되기 위하여 잘못된 것도 받아들여야 하고 비진리도 인정해야 하는가? 그런 것은 아니다. 옳은 일과 진리를 외면하면서 적당히 봉합하려는 자세는 분명히 잘못된 일이다. 무엇이 옳고 무엇이 진리인가에 대한 탐구는 끊임없이, 열정적으로 계속되어야 할 것이다. 하나가 되기 위하여 내가 옳다고 생각하는 것, 내가 진리라고 생각하는 것을 타협할 필요는 없다. 다시 말하지만 하나됨을 추구하기 위하여 같아지려거나 같게 하려고 할 필요는 없다. 하나가 되기 위하여 내가 너일 필요가 없으며, 또 네가 나일 필요도 없다. 서로 다르다는 것을 인정할 뿐이다. 그것을 못 견뎌하면 하나가 될 수 없다. 하나가 되라는 것은 진리를 포기하라는 말이 아니다. 진리를 담보로 하는 하나됨은 봉합이요 거짓이다. 만약에 두 교단이 통합하는 과정에서 서로 주장하는 것들을 조금씩 양보하면서 양측이 모두 적당히 중도적인 입장을 수용한다면 그런 통합은 진정한 통합이 아니다. 과거에 그런 일들이 있었다. 빵을 나누는 문제와 옳고 그름을 판단하는 문제는 전혀 다른 문제이다. 빵은 적당히 반으로 나눌 수 있고 나누어도 여전히 빵이지만, 진리는 두 동강나면 두 쪽 다 비진리이다. 하나가 되라는 의미는 진리를 동강내거나 반(半)진리를 양산하라는 것이 아니라, 함께 고민하면서 진리를 추구하라는 뜻이다.

기독교의 각 교파는 서로 다르기 때문에 생겼다. 그러지 않을 수도 있었겠지만 그렇게 된 것은 현실이다. 이 현실을 받아들인다면 다양하다는 것은 견딜 만한 현실이다. 좀 더 적극적으로 생각하면 다양하다는 것은 기독교 자원의 풍부함을 맛보게 한다. 나와 다른 생각을 가진 자를 만나고 교제하는 일은 나의 인생을 풍요롭게 할 수 있다. 그러나 다르다는 사실을 못 견뎌 하면 그 반대가 된다. 때로는 상대방의 생각이 다른 정도가 아니라 잘못되었다고 생각이 들 때도 있다. 상대방이 틀린 것을 옳다고 착각하고 있을 수도 있는 것이다. 그러나 그 문제는 이제부터 마음을 열고 해결하기 시작하면 된다. 서로간의 대화를 통하여 설득할 수도 있고 설득당할 수도 있다. 시간이 걸린들 무슨 상관인가? 수십 년, 수백 년이 걸린들 어떤가? 나는 여전히 내가 옳다고 생각하는 것을 옳다고 생각하고, 진리라고 확신하는 것들을 포기하지 않고 있으면 된다. 만약에 내가 잘못 생각한 부분이 있었다면 상대방에 의해 교정되었으니 이 얼마나 다행한 일인가? 만약에 상대방이 나의 생각에 의해 생각을 바꾸게 되었다면 이 또한 얼마나 괜찮은 일인가? 서로 다른 생각을 가지고 있지만 서로를 형제로 인정하고 서로를 향하여 마음을 열어두고 대화할 수 있다면 하나가 된 것이다. 진정한 하나됨이란 먼저 나는 나이기를, 너는 너이기를 위해 열심히 노력하는 것이며, 동시에 그 노력의 여정에 서로를 참여시키는 일이다. 서로 다른 기독교 교파들 간에도 마찬가지가 아닐까?

주

1) Justo L. Gonzalez, 『The Story of Christianity Volume I: The Early Church to the Dawn of the Reformation』, Harper Collins Publishers, 1984, p.261.

2) 위의 책, pp.261-262.

3) 대니얼 B. 클렌데닌, 김도년 옮김, 『동방정교회 개론』, 은성, 1995, p.34.

4) 위의 책, pp.17-19.

5) 위의 책, pp.52-53.

6) 위의 책, p.176.

7) 국제신학연구원, 『21세기를 위한 교회론』, 서울말씀, 2004, p.204.

8) 위의 책, p.217.

9) 'JLJ 교회'라는 명칭은 그 교회의 첫 세 목회자 헨리 제이콥 Henry Jacob, 존 래스롭John Lathrop, 헨리 제시Henry Jessey의 이름에서 첫 알파벳을 딴 것이었다.

10) 물론 웨슬리의 신학적 배경은 초대 교부들에서 시작하여 16세기 종교개혁가들, 그리고 모라비아 교도들의 신학과 영성에 이르기까지 다양하고 광범위하다고 알려져 있기는 하다. 심지어는 당시의 계몽주의의 영향도 그의 신학적 방법론에 발견된다. Ted A. Campbell, "The Roots of Wesleyan Theology and Spirituality", Lecture for Church History Conference(한국교회사학회 주최 국제심포지움 및 86차 학술대회, 2005.5.27~28)을 보라.

11) 국제신학연구원, 『21세기를 위한 교회론』, 서울말씀, 2004, pp.81-82.

12) 위의 책, p.73.

13) 위의 책, p.15, p19.

참고문헌

국제신학연구원, 『21세기를 위한 교회론』, 서울말씀, 2004.

김회창, 『성결교회 역사와 선교: 국내외 선교전략과 선교지향목회』, 새순, 1999.

대니얼 B. 클렌데닌, 김도년 옮김, 『동방정교회 개론』, 은성, 1995.

레펄쳐 A. 로에취, 김남식 옮김, 『세계장로교회사』, 성광문화사, 1980.

루디 베르근, 김복기 옮김, 『메노나이트 이야기』, 한국 아나뱁티스트, 2005.

윌리스톤 워커 외, 송인설 옮김, 『기독교회사』, 크리스찬 다이제스트, 1993.

찰스 W. 케이저, 조재국 옮김, 『감리교의 유래』, 생명의 말씀, 1984.

후스토 곤잘레스, 서영일 옮김, 『초대교회사』, 은성, 1987.

_____, 서영일 옮김, 『중세교회사』, 은성, 1995.

_____, 서영일 옮김, 『종교개혁사』, 은성, 1992.

_____, 서영일 옮김, 『현대교회사』. 은성, 1988.

Ted A. Campbell, "The Roots of Wesleyan Theology and Spirituality", Lecture for Church History Conference(한국교회사학회 주최 국제심포지움 및 86차 학술대회, 2005.5.27~28).

프랑스엔 〈크세주〉, 일본엔 〈이와나미 문고〉, 한국에는 〈살림지식총서〉가 있습니다.

📖 전자책 | 🔍 큰글자 | 🔊 오디오북

기독교의 교파 그 형성과 분열의 역사

펴낸날	초판 1쇄 2008년 2월 25일
	초판 6쇄 2021년 10월 29일

지은이	남병두
펴낸이	심만수
펴낸곳	(주)살림출판사
출판등록	1989년 11월 1일 제9-210호

주소	경기도 파주시 광인사길 30
전화	031-955-1350 팩스 031-624-1356
홈페이지	http://www.sallimbooks.com
이메일	book@sallimbooks.com

ISBN	978-89-522-0582-7 04080
	978-89-522-0096-9 04080(세트)

※ 값은 뒤표지에 있습니다.
※ 잘못 만들어진 책은 구입하신 서점에서 바꾸어 드립니다.

384 삼위일체론

eBook

유해무(고려신학대학교 교수)

기독교에서 믿는 하나님은 어떤 존재일까? 성부 하나님과 성자 예수, 그리고 성령이 계시며, 이분들이 한 하나님임을 이야기하는 삼위일체론은 기독교 교회가 믿고 고백하는 핵심 교리다. 신구약 성경에 이 교리가 어떻게 나타나 있으며, 초기 기독교 교회의 예배와 의식에서 어떻게 구현되었고, 2천 년 동안의 교회 역사를 통해 어떤 도전과 변화를 겪으며 정식화되었는지를 일목요연하게 정리했다.

315 달마와 그 제자들

eBook

우봉규(소설가)

동아시아 불교의 특징은 선(禪)이다. 그리고 선 전통의 터를 닦은 이가 달마와 그에서 이어지는 여섯 조사들이다. 이 책은 달마, 혜가, 승찬, 도신, 홍인, 혜능으로 이어지는 선승들의 이야기를 통해 선불교의 기본사상을 이해하도록 돕는다.

041 한국교회의 역사

eBook

서정민(연세대 신학과 교수)

국내 전체인구의 25%를 점하고 있는 기독교. 하지만 우리는 한국 기독교의 역사에 대해서 너무나 무지하다. 이 책은 한국에 기독교가 처음 소개되던 당시의 수용과 갈등의 역사, 일제의 점령과 3·1운동 그리고 6·25 전쟁 등 굵직굵직한 한국사에서의 기독교의 역할과 저항, 한국 기독교가 분열되고 성장해 왔던 과정 등을 소개한다.

067 현대 신학 이야기

eBook

박만(부산장신대 신학과 교수)

이 책은 현대 신학의 대표적인 학자들과 최근의 신학계의 흐름을 해설한다. 20세기 전반기의 대표적인 신학자인 칼 바르트와 폴 틸리히, 디트리히 본회퍼, 그리고 현대 신학의 중요한 흐름인 해방신학과 과정신학 및 생태계 신학 등이 지닌 의미와 한계가 무엇인지를 친절하게 소개하고 있다.

099 아브라함의 종교 유대교|기독교|이슬람교   eBook

공일주(요르단대 현대언어과 교수)

이 책은 유대교, 이슬람교, 기독교가 아브라함이라는 동일한 뿌리에서 갈라져 나왔다는 점에 주목한다. 저자는 이를 추적함으로써 각각의 종교를 그리고 그 종교에서 나온 정치적, 역사적 흐름을 설명한다. 이스라엘과 팔레스타인으로 대변되는 다툼의 중심에는 신이 아브라함에게 그 땅을 주겠다는 약속이 있음을 명쾌하게 밝히고 있다.

221 종교개혁 이야기   eBook

이성덕(배재대 복지신학과 교수)

종교개혁은 단지 교회사적인 사건이 아닌, 유럽의 종교 · 사회 · 정치적 지형도를 바꾸어 놓은 사건이다. 이 책은 16세기 극렬한 투쟁 속에서 생겨난 개신교와 로마 카톨릭 간의 분열을 그 당시 치열한 삶을 살았던 개혁가들의 투쟁을 통해 보여 주고 있다. 마르틴 루터, 츠빙글리, 칼빈으로 이어지는 종파적 대립과 종교전쟁의 역사들이 한 편의 소설처럼 펼쳐진다.

263 기독교의 교파

남병두(침례신학대학교 교수)

하나의 교회가 역사적으로 어떻게 다양한 교파로 발전해왔는지를 한눈에 보여주는 책. 교회의 시작과 이단의 출현, 신앙 논쟁과 이를 둘러싼 갈등 등이 파노라마처럼 펼쳐진다. 사도행전에 나타난 교회의 시작과 이단의 출현에서부터 초기 교회의 분열, 로마가톨릭과 동방정교회의 분열, 16세기 종교개혁을 지나 18세기의 감리교와 성결운동까지 두루 살펴본다.

386 금강경

곽철환(동국대 인도철학과 졸업)

『금강경』은 대한불교조계종이 근본 경전으로 삼는 소의경전(所依經典)이다. 『금강경』의 핵심은 지혜의 완성이다. 즉 마음에 각인된 고착 관념이 허물어져 어디에도 집착하지 않는 상태를 말한다. 이 책은 구마라집의 『금강반야바라밀경』을 저본으로 삼아 해설했으며, 기존 번역의 문제점까지 일일이 지적해 독자들의 이해를 돕고자 했다.

013 인도신화의 계보   `eBook`

류경희(서울대 강사)

살아 있는 신화의 보고인 인도 신들의 계보와 특성, 신화 속에 담긴 사상과 가치관, 인도인의 세계관을 쉽게 설명한 책. 우주와 인간의 관계에 대한 일원론적 이해, 우주와 인간 삶의 순환적 시간관, 사회와 우주의 유기적 질서체계를 유지하려는 경향과 생태주의적 삶의 태도 등이 소개된다.

309 인도 불교사 붓다에서 암베드카르까지   `eBook`

김미숙(동국대 강사)

가우타마 붓다와 그로부터 시작된 인도 불교의 역사를 흥미롭고도 일목요연하게 정리한 책. 붓다가 출가해서, 그를 따르는 무리들이 생겨나고, 붓다가 생애를 마친 후 그 말씀을 보존하기 위해 경전을 만드는 등의 이야기들이 한눈에 들어온다. 또한 최근 인도에서 다시 불고 있는 불교의 바람에 대해 소개한다.

281 예수가 상상한 그리스도

김호경(서울장신대학교 교수)

예수가 그리스도라는 것은 어떤 의미인가? 이 책은 신앙적 고백과 백과사전적 지식 사이에서 현재 예수 그리스도가 가진 의미를 묻고 있다. 저자는 이러한 문제의식을 바탕으로 예수가 보여준 질서와 가치가 우리와 얼마나 다른지, 그를 따르는 것이 왜 우리에게 익숙하지 않은 일인지를 보여주고 있다.

346 왜 그 음식은 먹지 않을까   `eBook`

정한진(창원전문대 식품조리과 교수)

세계에는 수많은 금기음식들이 있다. 유대인과 이슬람교도들은 돼지고기를 먹지 않고, 힌두교도의 대부분은 소고기를 먹지 않는다. 개고기 식용에 관해서도 말들이 많다. 그들은 왜 그 음식들을 먹지 않는 것일까? 음식 금기 현상에 접근하는 다양한 방식을 통해 그 유래와 문화적 배경을 살펴보자.

eBook 표시가 되어있는 도서는 전자책으로 구매가 가능합니다.

(주)살림출판사
www.sallimbooks.com
주소 경기도 파주시 문발동 522-1 | 전화 031-955-1350 | 팩스 031-955-1355